Revelaciones místicas recibe el Imprimátur de la Iglesia cuando ellos son juzgados para estar en línea con la doctrina y la moral católica. Un Imprimátur en latín significa "dejar que se imprima". Estas revelaciones están destinadas a rellenar los espacios dejados en la Biblia debido a la censura en los primeros días de la fé cristiana y también debido a los errores de traducción. Revelan las cosas que sucedieron tal y como sucedieron. Ellos <u>no</u> están destinados a sustituir a la Biblia.

En esta serie

La Llena de Gracia: Los Primeros Años

La Llena de Gracia: El Mérito

La Llena de Gracia: Pasión de Joseph

La Llena de Gracia: El Ángel Azul

La Llena de Gracia: La Infancia de Jesús

Lamb Books

Adaptaciones ilustradas para toda la familia

LAMB BOOKS

Publicado por Lamb Books, 2 Dalkeith Court, 45 Vincent Street, London SW1P 4HH;

Reino Unido, EE.UU. FR, IT, ES, DE

www.lambbooks.org

Publicado por primera vez por Lamb Books 2013

Esta edición

001

Texto copyright @ Lamb Books Nominado, 2013

Ilustraciones autor @ Lamb Books, 2013

El derecho moral del autor e ilustrador ha afirmado

Reservados todos los derechos

El autor y editor Agradecemos al Centro Editoriale Valtoriano en Italia para el permiso para citar el Poema del Hombre-Dios por María Valtorta, por Valtorta Publishing

Situado en Bookman Antiguo

Impreso en el Reino Unido por CPI Group (UK) Ltd, Croydon, CR0, 4YY

Salvo en los EE.UU., este libro se vende con la condición de que no será, con carácter comercial o no, ser objeto de préstamo, reventa, alquiler, o distribuido de otro modo sin el consentimiento previo del editor, en cualquier forma de encuadernación o cubierta que no sea aquel en el que se publica y no una condición análoga, incluida esta condición que se imponga en el futuro comprador

ISBN: 978-1-910201-44-2

La **Llena**

de

Gracia

La Infancia de Jesús Cristo

LAMBBOOKS

Agradecimientos

El material de este libro es una adaptación de la Mística Ciudad de Dios, Sor María de Jesús de Agreda, que recibió el Imprimátur en 1949 y también del El Poema del Hombre Dios (El Evangelio según lo revelado a mí), aprobado por primera vez por el Papa Pío XII en 1948, cuando en una reunión el 26 de Febrero de 1948, presenciado por otros tres sacerdotes, ordenó a los tres sacerdotes presentes "Publicar este trabajo, tal como es". En 1994, el Vaticano hizo caso a las llamadas de los cristianos en todo el mundo y han comenzado a examinar el caso de la Canonización de Maria Valtorta (Pequeño Juan).

Todavía continúa siendo objeto de mucha controversia, racional y política, al igual que muchas grandes obras. Sin embargo, la fé no está sujeta al racionalismo ni a la política.

El Poema del Hombre Dios fue descrito por el confesor de Pío "como edificante". Las revelaciones místicas han sido durante mucho tiempo jurisdicción de los sacerdotes y los religiosos. Ahora, están al alcance de todos. Que todos los que lean esta adaptación, que combina partes de la Mística Ciudad de Dios y el Poema del Hombre Dios, también lo encuentren edificante. A través de este punto de vista, la fé puede ser renovada.

Gracias especiales al Centro Editoriale Valtortiano en Italia por su autorización para citar el Poema del Hombre Dios por María Valtorta, llamada también Pequeño Juan.

Dado que no puedo añadir nuevo material a estas historias, he optado por permanecer en el anonimato.

".. Sean benditos aquellos que acepten el regalo con los corazones sencillos y fe. El fuego que el Padre ha querido hoy se encenderá en ellos. El mundo no cambiará en su crueldad. Es demasiado corrupto. Pero ellos serán consolados y sentirán la sed de Dios, el incentivo a la santidad, creciendo dentro de sí mismos ".

Jesús,22 de Febrero de 1944.

La Huida a Egipto 9

El Camino hacia Egipto 22

Jesús Rompe Su Silencio 32

La Sagrada Familia en Egipto 38

La Primera Lección de Jesús 46

El Regreso a Nazaret 50

María le enseña a Jesús, Judas y Santiago 55

Preparativos para la mayoría de edad de Jesús y la partida de Nazaret 70

Jesus Examinado en el Templo por su mayoría de Edad 78

Jesús se Pierde en Jerusalén 89

Jesús discute con los Doctores en el Templo 96

La Huida a Egipto

Alrededor de la época de la visita de los Reyes Magos, María comienza una novena de oración de acción de gracias a Dios en memoria a los nueve meses de gestación en que Ella llevó a Jesús en su vientre. En cada día, Ella ofrece de nuevo, a Su Hijo al Padre eterno por la salvación del hombre. En respuesta a sus oraciones y ofrendas, Ella recibe muchos privilegios por el Todopoderoso, así como el tiempo del mundo debe durar, se concederán todas sus peticiones en nombre de sus clientes, a través de ella, a todos los pecadores hallarán la salvación, Ella será Co-Redentora con Cristo y muchos otros.

Pero en el quinto día de esta novena, mientras que Ella reza, recibe una visión abstracta del Todopoderoso en el que Él la prepara para las pruebas que se avecinan:

"Mi esposa y mi Paloma, vuestros deseos e intenciones son agradables delante de mis ojos y me deleito en ellas siempre. Pero no podéis terminar la devoción de los nueve días que habéis comenzado, por lo que tengo guardado para vosotros otros ejercicios de vuestro amor. Con el fin

de salvar la vida de vuestro Hijo y criarlo, debéis salir de vuestra casa y de vuestro país; huid con él, y vuestro esposo José a Egipto, donde debéis permanecer hasta que yo os ordene lo contrario, porque Herodes busca la vida del Niño. El viaje es largo, más laborioso y más fatigoso; sufrid todo por causa de mí, porque yo estoy, y siempre estaré con vosotros".

Respondiendo, Ella dice:

"Mi Señor y Maestro, he aquí a vuestra sierva con un corazón dispuesto a morir por vuestro amor. Hágase de mí según vuestra voluntad. Sólo puedo pedir vuestra inmensa bondad, a mi falta de mérito y gratitud, No permitáis a mi Hijo y Señor que sufra, y poned todos los dolores y cargas sobre mí, que estoy obligada a sufrirlos".

El Señor la refiere a José, diciéndole que siga sus instrucciones en todo lo relacionado con el viaje.

Ella sale de la visión, estando plenamente consciente y sostiene a Jesús en sus brazos, su corazón compasivo está profundamente atormentado por la idea de las dificultades por delante y entonces derrama muchas lágrimas. José percibe su pena y se ve perturbado por Ella, pero por la humildad y el respeto a su esposo, ella esconde la causa de su dolor y no dice nada sobre la visión, a la espera que la Providencia siga su curso. Esa misma noche un ángel le habla a José en su sueño.

Es de noche, no mucho después de la visita de los Reyes Magos. José está profundamente dormido en su pequeña cama, en su habitación muy pequeña, sólo del tamaño de un corridor, el sueño de un hombre después del diligente trabajo de un día duro. Las persianas están entreabiertas para dejar entrar el aire fresco y despertarlo con los primeros rayos del día. Un fino rayo de luz de luna se filtra por las persianas entreabiertas y lo muestra acostado sobre su lado, sonriendole a una visión que ve en su sueño. Un ángel del Señor le habla en sueños:

"Levantáos, tomad al niño y a su madre y huíd a Egipto, allí os mantendré hasta que vuelva a daros otro consejo, porque Herodes está buscando al niño con el fin de quitarle la vida "

La sonrisa de José rápidamente se convierte en una expresión de ansiedad, suspira profundamente, como alguien que ha tenido una pesadilla y luego se despierta con un sobresalto.

Se sienta en su cama, se frota los ojos y mira a su alrededor, a la pequeña ventana donde la luz débil se filtra. Es la oscuridad de la noche, pero él agarra su túnica de donde estaba en la parte inferior de la cama y aún sentado en la cama, se pone la túnica de manga corta blanca. Se desenreda a sí mismo de la manta, pone los pies en el suelo, busca las sandalias, se las pone y ata los cordones. Poniéndose de pie, enciende una pequeña lámpara de aceite y luego de tomarla con él, camina hacia delante a unos cuantos pasos de la puerta frente a su cama, no la que está en el lado de la cama que conduce a la sala donde recibieron a los magos.

Suavemente con sus dedos, él golpea, espera una respuesta y luego abre la puerta con cuidado, en silencio, entreabierta y entra. Es una habitación un poco más grande con una cama baja de pie junto a una cuna. La sala tiene una iluminación suave por el parpadeo de la lámpara de noche como una estrella distante que emite una suave luz dorada.

María está arrodillada junto a la cuna con un vestido liviano, orando y viendo Jesús dormir pacíficamente, hermoso, rosado con cabello rubio, con la cabeza rizada hundido en la almohada y un puño apretado bajo su barbilla.

'¿No estás durmiendo? "José le pregunta en voz baja, un poco sorprendido. '¿Por qué no? ¿Jesús no está bien?

'¡Oh, no! Él está bien. Estoy orando. Más tarde me voy a dormir. ¿Por qué has venido, José? pregunta María, aún de rodillas.

"Tenemos que irnos de aquí", dice José en un susurro excitado. Debe de ser a la vez. Prepara el cofre y un saco con todo lo que puedas poner en ellos. Voy a preparar el resto.... Voy a tomar todo lo que pueda.... Debemos huir al amanecer. Me gustaría irnos antes, pero tengo que hablar con la dueña... "

'¿Pero por qué esta huida?

"Te lo diré después. Es por causa de Jesús. Un ángel me dijo: "Toma al Niño y a su Madre y huye a Egipto". No pierdas tiempo. Voy a preparar lo que pueda'.

A la mención del Ángel, Jesús y la huida, María comprende que su hijo está en peligro y se viene a sus pies, su cara más blanca que la cera, con una mano sobre el corazón en señal de angustia. Rápida, ligera sobre sus pies y ordenada, Ella pone un gran saco en la cama y comienza a poner la ropa a la vez en un cofre y en el saco. Aunque Ella está profundamente angustiada, se mantiene en calma. De vez en cuando, Ella mira al niño durmiendo tranquilamente en la cuna mientras continúa.

"¿Necesita ayuda? pregunta José de vez en cuando, asomando por la puerta entreabierta.

'No, gracias' responde María en todo momento.

Cuando la bolsa está llena y obviamente, muy pesada, María llama a José para ayudar a cerrarla. Prefiriendo hacerlo solo, José lleva el largo saco dentro de su pequeña habitación.

"¿He de tomar también las mantas de lana? pregunta María.

"Toma lo más que puedas. Perderemos el resto. Toma tanto como puedas.... Las cosas van a ser útiles porque ... porque vamos a tener que estar lejos por mucho tiempo, María!...', Dice José tristemente.

María suspira profundamente mientras dobla sus mantas y las de José.

"Vamos a dejar las colchas y alfombras ....' dice José mientras él ata las mantas con una cuerda. ' ... Incluso si tomo tres burros, no puedo sobrecargarlos. Vamos a tener un largo e incómodo viaje.... en parte, por las montañas y en parte por el desierto ... Cubre bien a Jesús...

.... Las noches serán frías, tanto en las montañas como en el desierto ..... He tomado las donaciones de los Magos, ya que serán muy útiles allí. Deberé gastar todo el dinero que tengo que comprar dos burros. .... No podemos enviarlos de vuelta, así que tendré que comprarlos..... voy a ir ahora, sin esperar a la madrugada ..... Yo sé dónde encontrarlos... Termina de preparar todo.' y él sale.

María reúne unas cuantas cosas más, mira a Jesús, luego sale y regresa con algunos pequeños vestidos que aparecen húmedos, tal vez sólo lavados del día anterior. Luego los dobla, los envuelve en un paño y los agrega a las otras cosas. No hay nada más.

Ella mira a su alrededor una vez más y en un rincón, ve a uno de los juguetes de Jesús: una oveja de madera tallada, con las orejas mordisqueadas y con restos de pequeños dientes de Jesús por todas partes. Ella la toma, sollozando, la besa y acaricia la cosa sin valor, un simple trozo de madera de gran valor sentimental para Ella porque habla del amor de José a Jesús y le habla de su Niño. Ella la agrega a las otras cosas puestas en el cofre.

Ahora, realmente no hay nada más.

Es el momento de preparar al Niño.

Ella va a la cuna y lo agita suavemente para despertarlo, pero Él lloriquea un poco, se da la vuelta y sigue durmiendo. María acaricia sus rizos suavemente y Jesús abre su pequeña boca bostezando.

Inclinándose hacia adelante, María besa su mejilla y Jesús abre los ojos, ve a su mamá, sonríe y estira sus pequeñas manos hacia su pecho.

"Sí, el amor de tu mamá. Sí, su leche. Antes de la hora de siempre ... Pero tú eres siempre dispuesto a succionar el pecho de tu mamá, Mi pequeño cordero santo! '

Jesús se ríe y juega, pateando con sus pequeños pies fuera de la manta, moviendo sus brazos alegremente en un típico estilo infantil, tan hermoso de ver. Él empuja sus pies contra el vientre de su mamá y arquea la espalda apoyando su cabeza justo delante de su pecho y luego Él mismo se echa hacia atrás y se ríe, teniendo con sus manos los cordones que atan el vestido de su madre a su cuello, tratando de desatarlos. Se ve más hermoso con su pequeña camisa de lino, regordete y de color rosado como una flor.

Agachándose y mirando a través de la cuna como por protección, Ella llora y sonríe al mismo tiempo, mientras que el niño parlotea, pronunciando palabras que no son las palabras de todos los niños pequeños, entre las que la palabra " mamá " se repite con mucha claridad. Sorprendido al verla llorando, Él extiende la mano hacia las huellas brillantes de lágrimas, mojándose su mano mientras acaricia su rostro. Entonces, muy elegantemente, se inclina, una vez más, sobre el pecho de su madre, aferrándose a él, acariciandolo con su mano. Su vestido de lana ha sido puesto en Él y sus sandalias se han atado a sus pies.

Ella cuida de Él y Jesús succiona con avidez buena leche de su madre. Cuando Él siente que sólo una pequeña cantidad proviene de su seno derecho, Él busca el izquierdo, riendo y mirando a su madre mientras lo hace.

Entonces Él se queda dormido de nuevo en su pecho, su sonrosada pequeña mejilla redonda descansa contra su blanco pecho redondo de su mamá.

Poco a poco, María se levanta, lo pone suavemente sobre la colcha de su cama y lo cubre con su manto. Entonces Ella va hacia a la cuna y pliega sus pequeñas mantas.

Ella se pregunta si debía tomar, también, el pequeño colchón. Es tan pequeño.... se puede llevar.

Ella lo pone, junto con la almohada, con las otras cosas que ya están en el cofre. Y llora sobre la cuna vacía, pobre Madre, perseguida por su pequeña Criatura.

José vuelve.

'¿Estás lista? ¿Está listo Jesús? ¿Has tomado sus mantas y su camita? No podemos tomar Su cuna sino que debemos tener por lo menos su colchoncito, pobre bebé, ¡quienes le quieren muerto!

'¡José! exclama María, agarrándole el brazo.

-Sí, María. Su muerte. Herodes le quiere muerto.... Porque tiene miedo de Él, esa bestia inmunda, a causa de su reino humano, que tiene miedo de éste niño inocente. No sé qué va a hacer cuando se de cuenta de que Él ha escapado. Pero vamos a estar muy lejos para entonces. Yo no creo que se vengue buscándolo más allá de Galilea. Sería muy difícil para él descubrir que somos Galileos, menos aún, que somos de Nazaret y lo que somos, precisamente. A menos que ... Satanás le ayuda a darle las gracias por ser su fiel servidor. Pero ... si eso sucede ... Dios nos ayudará como siempre. No llores, María. Verte llorar es un dolor más grande para mí que tener que ir al exilio".

'Perdóname, José. No estoy llorando por mí, o por las pocas cosas que me estoy perdiendo. Estoy llorando por ti ... ¡Tú ya has tenido que sacrificarte tanto! Y ahora, una vez más, que no tendrás clients ni casa. ¡Lo mucho que te estoy costando, José!

'¿Cuánto? No, María. No me costó. Tú me consuelas. Siempre. No te preocupes por el futuro. Tenemos los regalos de los Reyes Magos, que servirán para los primeros días. Más tarde, voy a encontrar trabajo. Un buen trabajador inteligente siempre se hace su camino. Tú has visto lo que pasó aquí, yo no tengo tiempo suficiente para que todo el trabajo que tengo".

—Ya lo sé. Pero, ¿quién va a aliviar tu nostalgia por tu tierra natal?

¿Y qué hay de ti? ¿Quién va a aliviar tu nostalgia de tu casa que es tan querida para ti?

'Jesús. Teniéndolo a Él, tengo lo que tenía allí',

—Y yo, teniendo a Jesús, tengo mi tierra natal, en la que tuve la esperanza hasta hace unos meses. Yo tengo a mi Dios. Se puede ver que no pierdo nada de lo que es querido para mí por encima de todas las cosas. Lo único importante es salvar a Jesús, y luego tenemos todo.

Aunque nunca debamos ver este cielo de nuevo, o este país, o incluso el país más querido de Galilea, siempre tendremos todo porque vamos a contar con Él. Vamos María, que es casi el amanecer. Es hora de decirle adiós a nuestra anfitriona y cargar nuestras cosas. Todo va a estar bien".

María se levanta obedientemente y se pone su manto, mientras que José hace un último paquete y sale con él.

María levanta el niño suavemente, lo envuelve en una manta y lo abraza junto a su corazón. Ella mira a las paredes que han sido un hogar para Ella durante algunos meses y las toca cariñosamente con una mano. ¡Casa feliz que merece ser amada y bendecida por María!

Ella sale, a través de la habitación de José, a la sala grande, donde la dueña, entre lágrimas, la besa de despedida y levantando el borde del chal, besa la frente de Jesús, que está durmiendo tranquilamente. Bajan las escaleras exteriores.

A la tenue luz del alba, tres burros pueden verse, el más fuerte se carga con los bienes y enseres. Los otros dos están abrumados.

José está ocupado en la fijación del cofre y los paquetes en la albarda de la primera. Sus herramientas de carpintero se atan en un fardo en la parte superior de la bolsa.

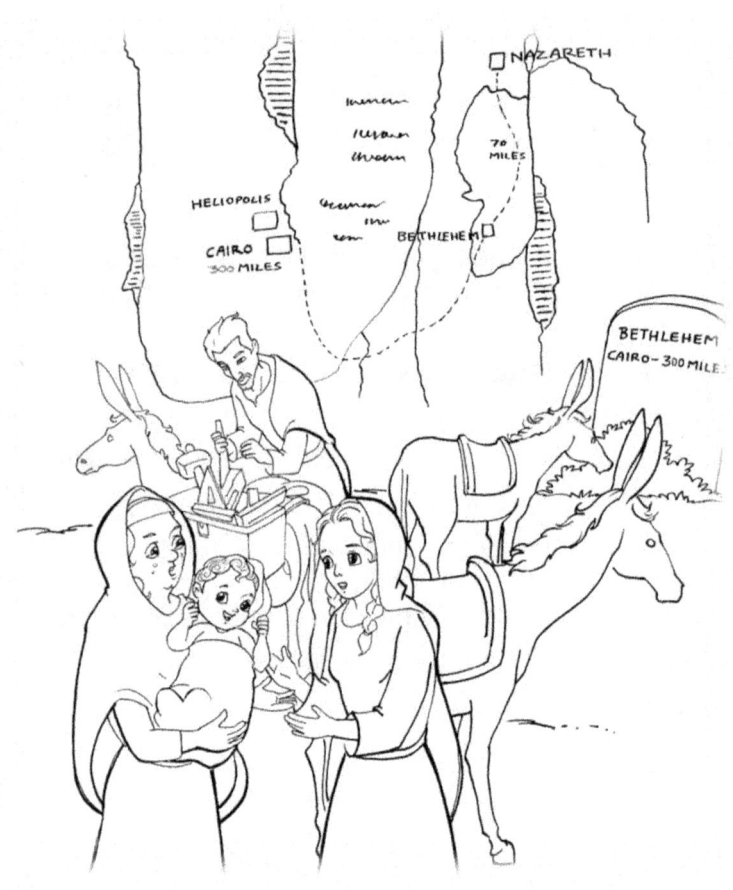

Hay más lágrimas y despedidas y luego María monta el pequeño burro mientras la casera, cargando a Jesús en sus brazos, lo besa de nuevo. Entonces ella se lo devuelve a María.

José ata su asno a la carga con los bienes, con el fin de tener la libertad de llevar las riendas del asno de María. Por último, se monta.

Es alrededor del 9A.C y Jesús no tiene un año de edad. El viaje comienza mientras Belén duerme plácidamente conscientes del peligro inminente en él, quizás todavía soñando con la escena fantasmagórica de la visita de los Reyes Magos.

Mientras tanto, un ángel se le aparece a los Magos al regresar y les advierte de las intenciones malvadas de Herodes para encontrar y matar al Mesías. Una vez más, aparece la estrella y los guía lejos del palacio de Herodes y de nuevo a donde se habían conocido, más allá del Mar Muerto desde donde vinieron en caminos separados.

El Camino hacia Egipto

A través de la obediencia, la Providencia ha pre-arreglado este día de huida, la sagrada familia tendrá que apartarse de Judea y no de Nazaret.

Escapar en el silencio y la oscuridad de la noche, María y José tienen mucho de qué preocuparse, ya que no saben lo que va a pasar en su viaje, cuando terminaría, cómo les iría en Egipto siendo desconocidos, lo que significa que encontrarían allí para criar al Niño o incluso cómo ellos lo protegerán durante la travesía. Sin embargo, María está decidida a no recurrir al uso de los milagros para sus necesidades, por el tiempo que puedan mantenerse por sí mismos por su propio esfuerzo.

Están acompañados por decenas de millares de ángeles visibles a ellos en forma humana, que ofrecen homenaje y servicio, e informan que es la voluntad de Dios que ellos los guíen y acompañen en el viaje. A la vez, se dirigen hacia el desierto Bersabe, parando en Gaza durante dos días para descansar junto con sus asnos. Desde los primeros tiempos de Jesús, la noticia de repetidos milagros allí donde Cristo estuvo, ha llamado la atención de las multitudes y de aquellos en el poder, lo que le facilita a Herodes y a sus hombres encontrar rápidamente al Niño Dios-Hombre.

Durante los dos días de descanso, ellos llevan a cabo muchos milagros, muchas enfermedades se curan, algunos enfermos se salvan del peligro de muerte, una mujer encorvada vuelve al uso de sus miembros así como muchas almas reviven, pero María y José no revelan lo que son, de dónde vienen ni a dónde se dirigen para que las noticias no vuelvan a Herodes.

Al tercer día, se pusieron en marcha y pronto pasaron más allá de las partes habitadas de Palestina y del desierto de arena Bersabe en el que están de viaje de sesenta leguas antes de llegar a su destino final en Egipto.

Dios permite que su Unigénito, con su Santísima Madre y José, sufrir los inconvenientes y las dificultades relacionadas con los viajes de forma natural a través de este desierto y ellos cargarán con sus dificultades sin quejarse aunque están especialmente afligidos por no ser capaz de aliviar, por sus propios esfuerzos, las dificultades de su Hijo. Ellos sólo pueden cubrir una distancia corta cada día y la travesía dura varios días debido a la dificultad de cruzar las arenas profundas, además de lo que sufren por la falta de vivienda en la noche, particularmente por la noche, cuando las temperaturas caen en picada y las condiciones en el desierto abierto, lo hacen invernal.

En la primera noche, ellos descansan a los pies de una pequeña colina, la única protección que pueden encontrar.

Con el niño en brazos, María se sienta en el suelo con José y comparten una comida escasa de fruta y pan adquirida durante los dos días de descanso y María cuida a Jesús en su pecho. Jesús, por su parte, hace que María y José sientan satisfacción.

José construye una tienda estrecha con su capa y algunos palos como un refugio improvisado contra la intemperie para María y Jesús mientras él duerme en el suelo con la cabeza apoyada en el cofre y así pasan su primera noche en el desierto congelado, muy bien guardado por los ángeles.

María percibe a su Hijo divino ofreciendo todas sus penurias al Padre eterno y Ella se une a Él por la mayor parte de la noche, permitiéndose un corto sueño.

Pero su pequeño almacén de fruta y pan pronto se acaban y el hambre se establece. Unos pocos días en el desierto tienen que viajar durante todo el día sin comer hasta las nueve de la noche. Sin medios para proveerse para sí mismos, María ora al Padre eterno diciendo:

"Dios Eterno, grande y poderoso, os doy gracias y bendigo por vuestra magnífica recompensa y que, por vuestra condescendencia misericordiosa, sin mérito mío, os diste la vida y el ser y os preservaráis en ella, yo que soy polvo y una criatura inútil que no he hecho una devolución adecuada para todos estos beneficios, por lo tanto, ¿cómo puedo pedir para mí lo que yo no puedo pagar? pero, mi Señor y Padre en consideración a Tu Unigénito, concédeme lo que es necesario para mantener mi vida natural y la de mi esposo, para que pueda servir a Su Majestad y Su Palabra para hacerse carne para la salvación de los hombres. "

Así que los clamores de la dulcísima Madre pudieron proceder de un mayor sufrimiento, el Altísimo permite los elementos que los molestan más de lo habitual, además de los sufrimientos causados por la fatiga y el hambre de manera que escuchando las oraciones aceptables de su Esposa, Él podría prever también para ellos mediante las manos de los ángeles. Y así, una tormenta furiosa con viento azotando y lluvia se eleva, hostigándolos y cegándolos.

María envuelve a Jesús y trata de protegerlo lo más que puede, pero su tierno corazón se entristece profundamente mientras Jesús, delicado como es, llora y tiembla con la tormenta.

Por último, María usa su poder como la Madre de Dios, mandando a los elementos no afligir a su Hijo, más bien permitirle abrigarlo y refrescarlo y que den rienda suelta de su venganza sobre ella a solas. La tormenta cede inmediatamente, evitando a ambos la Madre y el Niño.

A cambio de esta previsión amorosa, el Niño Jesús manda a sus ángeles para ayudar a su amable Madre contra la tormenta. Construyen inmediato un hermoso globo alrededor y sobre su Dios Encarnado, su Madre y su cónyuge y así protegen y los defienden por el resto del viaje a través del desierto.

Ellos también les llevan delicioso pan, frutas sazonadas y una bebida más deliciosa que se sirven a sí mismos. Y luego, en conjunto, los ángeles y la Sagrada Familia cantan y alaban y dan gracias a Dios. Y para el resto de su viaje por el desierto, Dios les da su alimento.

A su llegada a Egipto, se encuentran con un pueblo cautivo por el Maligno. El Niño Jesús, en los brazos de su Madre, levanta sus ojos y sus manos al Padre pidiendo por su salvación, impulsando así los demonios de los ídolos, lanzándolos de nuevo a las cavernas y las tinieblas del infierno, los ídolos chocan contra el suelo, los altares se caen en pedazos y los templos se desmoronan en ruinas.

María une sus oraciones a las oraciones de Su Hijo, y José es consciente de las obras del Verbo Encarnado, pero el pueblo egipcio queda asombrado. Aunque los eruditos entre ellos recuerdan una antigua tradición profetizada por Isaías (Is.9, 1) que habla de la llegada de un Rey de los Judíos y la destrucción de los templos de los ídolos, no sabían cómo esta profecía se cumpliría.

Las personas que le hablan a María y a José, acuden a ellos por curiosidad al ver a los extraños en medio de ellos y hablando, expresando sus temores de los acontecimientos recientes, pero María y José aprovechan la ocasión para hablar con ellos largo y tendido sobre el único Dios verdadero, Creador del cielo y la tierra, el único que debe ser reconocido y adorado.

María es tan dulce y encantadora y sus palabras tan amables que el rumor se propaga rápidamente de la llegada de los peregrinos extraños mientras que las oraciones del Verbo Encarnado, convierte los corazones de muchos, inculcando el conocimiento de Dios y de dolor por sus pecados, que junto con el destrucción de los ídolos, causa una conmoción increíble, pero la gente no sabe de quien vienen las bendiciones.

Jesús, María y José prosiguen su viaje a través de Memphis, Babilonia, Matarieh a Heliópolis (actual: Mit Rahina, a 12 millas al sur de El Cairo, El Cairo Copto, a ocho kilómetros al noreste de El Cairo, borde noreste de El

Cairo, respectivamente), hacienda milagros, echando demonios de la gente e ídolos, curando los corazones enfermos y esclareciendo sobre las doctrinas de la vida eterna. En Heliópolis, son informados por los ángeles que deben permanecer allí. José compra una casa, una pobre vivienda con tres habitaciones a las afueras de la ciudad como son los deseos de María. Una de las habitaciones se asigna como templo de Jesús en la que ponen su cuna y sofá de María. La segunda se le asigna a José y la tercera sirve tanto como la cocina y el taller de José.

Fiel a su decisión de mantener a su familia por su propio trabajo, María se pone inmediatamente en busca de costura a través de la ayuda de las piadosas mujeres atraídas por su modestia y dulzura. La reputación de su habilidad y trabajo diligente pronto se propaga y obtiene tanto trabajo que Ella asigna sus días al trabajo y sus noches a sus ejercicios espirituales a pesar de que continúa con sus meditaciones espirituales mientras trabaja. Así, José y María juntos son capaces de satisfacer todas las necesidades básicas de comida y ropa para su Hijo y ellos mismos.

Las enfermedades e infecciones son frecuentes en Egipto a causa de la dureza del clima y muchos de los que vienen a María para escuchar la palabra de Dios regresan a casa curados, en cuerpo y alma. Así que pronto se corre la voz. Para empeorar las cosas, Heliópolis y muchas otras partes de Egipto están asolados por la peste durante los años de su estancia, así que, a petición de María, Jesús ordena a José, dándole nueva luz y el poder de curar. Así, mientras que José enseña y cura a los hombres, María, atiende a las mujeres y todos los que acuden a ellos para recibir la gracia y se mueven con el amor y la devoción por la modestia y santidad de María. Pero Ella se niega al pago o regalos ofrecidos salvo que Ella los encuentre útiles para ayudar a otros en necesidad, en cuyo caso Ella también devuelve presents con su costura.

A través de su labor difundiendo la palabra de Dios en Egipto y ayudando a los egipcios en cuerpo y alma, la misma María crece en santidad. Dios le da su pleno conocimiento, como si Ella misma hubiera estado presente de la masacre de los inocentes, todos los hijos primogénitos de un día de edad a dos años de edad, por Herodes en su búsqueda por el Mesías, Ella sabe todo esto como si Ella misma hubiera estado presente.

A través de sus oraciones y las de su Hijo, todos estos inocentes reciben gran conocimiento de la existencia de Dios, del amor perfecto, la fe y la esperanza con la que inmediatamente ponen en uso, realizando actos heroicos de fe, el amor y la adoración a Dios y recibiendo de Dios compasión por sus padres y familiares, obteniendo, la luz y la gracia con antelación a las necesidades espirituales. A pesar de su corta edad, estos niños voluntariamente se someten al martirio, por lo tanto, aumentan sus méritos y son asumidos al limbo por una multitud de ángeles a la espera de la redención. Su llegada en el limbo a su vez, reafirma los ancianos de la esperanza de una liberación rápida para el que hay mucho regocijo y canciones de alabanza. Todo esto, hace María en unión con Su Hijo divino, Quién es el autor de todos ellos, pero Quién, mientras que en Egipto, debe seguir siendo lo más normal para todos los demás.

Jesús Rompe Su Silencio

Un día, María y José están conversando y reflexionando sobre el ser infinito de Dios, su bondad y amor excesivo que le indujo a enviar a Su Hijo Unigénito para ser el Maestro y Salvador de los hombres, Dios revestido en carne, viniendo a conversar con la humanidad y a sufrir el castigo de sus naturalezas depravadas. Mientras reflexiona, el corazón de José se inflama de amor y él se pierde en asombro y admiración de las obras de Dios.

Jesús, en los brazos de su Madre, acaba de cumplir el año de edad y Él aprovecha esta oportunidad para romper su silencio a José. 'Mi padre', le dice a José '..... Yo soy la Luz del Mundo, vengo del Cielo para rescatar al mundo de las tinieblas del pecado, como buen Pastor, enseñar a Mis ovejas el camino de la Salvación y abrir las puertas del Cielo cerradas por el pecado. Deseo que ambos sean hijos de la Luz, la cual tienen tan a mano'.

Sus palabras llenan a José con nueva reverencia y alegría, y arrojándose de rodillas ante el Niño Dios, él le da gracias por haberlo llamado "padre" para José que ama a Jesús con un amor sobrenatural exquisito mucho más alto que el amor natural de cualquier padre terrenal para su hijo.

José es humillado al oírse llamado "padre" por el Hijo del eterno Padre, el Hijo, a Quien ve tan hermoso en la gracia y exaltado en el conocimiento y la sabiduría.

Desde el momento en que Jesús tiene un año de edad, comienza a pasar ciertas horas del día en su capilla y en respuesta a la petición de silencio de su Madre, la invita a unirse a Él para que pueda aprender de Él y lo imite en sus obras como Él desea que Ella sea el modelo de logro perfecto para todas las almas. Y así Jesús, desde este momento en Egipto, hasta su regreso a Nazaret y hasta el comienzo de su ministerio, le enseña a María, con palabras todos los misterios de la ley evangélica y su doctrina sobre la cual él se encontró a su Iglesia en la tierra, señalando la hora y el lugar de cada evento, y la línea de tiempo de los reinos y provincias durante la vida de la Iglesia. Después de su regreso a Nazaret siguiendo a la ceremonia de la edad de Jesús, Jesús también le enseña a María los secretos del libro de los Siete Sellos de los que habla Juan (Ap 5,1), el libro que sólo el Cordero puede quitar el sello de su Pasión y muerte, sus doctrinas y méritos. En comparación, Jesús pasó tres años para enseñar a sus apóstoles y sus discípulos y establecer plenamente su Iglesia en la tierra.

A veces, durante sus enseñanzas y oraciones, Jesús está postrado en el suelo, en otras ocasiones, Él se levanta del suelo, siempre en forma de una cruz, orando fervientemente al Padre eterno por la salvación de las almas mortales. A menudo, en presencia de María, Él diría;

¡Oh, la más bendecida Cruz! Cuando tuss brazos reciban los míos, ¿cuándo podré descansar en ti, ¿cuándo serán mis brazos, clavados a los tuyos puedan propagar la bienvenida a todos los pecadores?.... He venido para ningún otro propósito más que el de invitarlos a imitarme... ellos son incluso ahora y siempre abiertos a abrazar y a enriquecer a todos los hombres. Venid, pues, todos los ciegos, a la luz. Venid vosotros los pobres, a los tesoros de mi gracia. Venid, pequeños, a las caricias y los placeres de vuestro verdadero Padre. Venid, afligidos y agotados, porque yo os aliviaré y refrescaré.....

Ven, tú sólo, ya que eres mi posesión y herencia. Venid todos los hijos de Adán, porque hago un llamado a todos vosotros. Yo soy el camino, la verdad y la vida y no negaré nada de lo que vosotros deseáis recibir..... Mi Padre eterno, son las obras de vuestras manos, no despreciaros, porque yo los ofrezco como un sacrificio en la Cruz, con el fin de restaurar la justicia y la libertad. Si ellos están dispuestos, los llevaré de vuelta al seno de tus elegidos y para su reino celestial, donde se glorifica Tu nombre".

Y María se une con sus oraciones a Él porque Ella está al tanto de lo que sucede en su alma, así como observa como los movimientos externos de su cuerpo. Como tal, a pesar de que María no siempre disfruta de las visiones de la

Divinidad, es un privilegio reservado sólo para Ella que a través de su hijo, Ella se hace consciente de todas sus actividades y la forma en que su humanidad venera, ama y adora a la Divinidad a la que está unida. De esta manera especial, Ella es testigo de los efectos de la unión hipostática de la humanidad con la divinidad, el Hombre-Dios.

En el templo, Jesús se reúne con su Padre acerca de los más altos misterios de la Redención, y la Persona del Padre aprueba o reconoce a sus peticiones para el alivio de los hombres o muestra la humanidad de Cristo los decretos secretos de la doctrina de que Dios tiene ordenado todo lo que va a pasar con respecto a la salvación de algunos y de otros no, la condena de algunas almas a la miseria eterna. De todo esto, María es testigo, adorando al Omnipotente con reverencia sin igual y uniéndose a su hijo en sus oraciones, peticiones y acciones de gracias.

En algunas ocasiones, el Niño llora y suda sangre, y esto sucederá muchas veces tanto en Egipto y después a su regreso a Nazaret, mucho antes de que se produzca en el jardín de Getsemaní. En esos momentos, María se limpia la cara, comprendiendo completamente la causa de su agonía al ser la pérdida del conocido, aquellos para los cuales se desperdiciarán los méritos del Redentor.

En otras ocasiones, Jesús se transfigura por el desbordamiento de la gloria de su santísima alma en el cuerpo por lo que está envuelto en luz celestial, porque el Padre eterno ha ordenado que la humanidad divina debe, a intervalos, tener este consuelo. En este momento, y en otras ocasiones en que Jesús no es glorificado, Él está rodeado de ángeles cantando dulces himnos de alabanza en armonía celestial. Y María se une a los himnos de alabanza.

Los niños de Heliópolis que juegan con el Niño Jesús, libre de gran malicia como la mayoría de los niños son, aceptándolo tal como es y Jesús, aceptando a cambio por lo que es propio, infunde en ellos el conocimiento de Dios y de las virtudes, enseñándoles el camino de la vida eterna, impresionando a sus verdades profundamente sobre ellos y ganando sus corazones, de modo que todos ellos que tienen esta suerte, luego se convierten en grandes hombres santos en el transcurso del tiempo, estas semillas de gracia siembran temprano en sus almas, maduran y dan frutos celestiales.

La Sagrada Familia en Egipto

Jesús con dos años de edad está sentado en una manta a la sombra de un árbol pequeño que se sitúa en el centro de un jardín de la cocina en un pequeño trozo de terreno cerrado. El suelo del jardín árido ha sido pacientemente cultivado y cubierto con caña, fortificada con enredaderas, madre selvas modestas y en un lado, un arbusto de jazmín en flor y un arbusto de rosas comunes. Algunas verduras modestas están creciendo en el centro del jardín, bajo el árbol, donde hay un poco de sombra. Una pequeña cabra blanca y negra atada al árbol, está navegando en las hojas de algunas ramas tiradas en el suelo.

El jardín pertenece a una pequeña casa pobre, con paredes de yeso y una sola planta, planta baja. Las paredes están pintadas de blanco y hay dos puertas, una cerca de otra, que conducen a las habitaciones interiores de la casa pequeña. La casa se encuentra en el centro del pequeño pedazo de tierra arenosa que acompañada por una cerca débil hecha con caña fija al suelo, la protección adecuada sólo contra los perros y gatos callejeros.

En su estera en los terrenos de la casa pobre, Jesús está jugando con ovejitas de madera, caballitos de madera y algunas virutas de madera clara, menos rizado que sus rizos dorados. Con sus pequeñas manos, Él está tratando de poner collares de madera sobre los cuellos de sus animales. Él está tranquilo, sonriente y muy hermoso. Su cabecita es una masa de gran espesor de ricitos de oro, su piel, transparente y ligeramente rosada. Sus ojos, vivos y de un profundo azul brillante, dos hermosos zafiros oscuros. Él lleva una túnica blanca que llegaba hasta los pantorrillas, con mangas cortas y atado a la cintura con un cordón blanco. Sus diminutos pies están descalzos, porque Él se ha quitado las sandalias y las utiliza como carro para sus animales, tirando del carro por los cordones.

Las sandalias son simples, una suela y dos correas, una desde la punta y el otro desde el talón. La que está en la punta se divide en dos en un cierto punto y una longitud a continuación, pasa a través de un ojal en la correa desde el talón, entonces da vueltas y se ata con la otra pieza formando así un anillo en el tobillo.

También en la sombra de los árboles, no muy lejos de Jesús, está María, tejiendo en un telar rústico y viendo al Niño. Su delgada mano blanca se mueve hacia delante y hacia atrás, tirando la lanzadera en la trama, mientras que su sandalia mueve el pedal. Su túnica es el color de las flores de la malva: una violeta de color de rosa como ciertas amatistas. Ella tiene la cabeza descubierta y su pelo se divide en dos trenzas simples recogidas en la nuca de su cuello. Sus mangas son largas y estrechas y no lleva ningún otro adorno, pero su belleza y la más dulce expresión en su rostro de un ángel azul, que parece de veinte años.

Su jornada de trabajo termina, Ella se levanta y se inclinaba sobre el Niño, le pone sus sandalias de nuevo y ata los cordones con cuidado. Entonces lo acaricia y besa sus hermosos ojos. El niño parlotea y Ella le contesta. Entonces, volviendo a su telar, cubre la tela y la trama con un trozo de tela, recoge las herramientas en donde estaba sentada y se lo lleva a la casa. El Niño la sigue con sus ojos, pero no le importa que lo dejen solo.

El sol se pone sobre las arenas estériles y un gran fuego invade todo el cielo detrás de la pirámide distante.

María vuelve y toma a Jesús de la mano, Él se levanta de su lecho. El Niño obedece sin resistencia. Mientras que su Madre reúne sus juguetes y los lleva a la casa, Él marcha, con sus bien torneadas piernas pequeñas, hacia la cabra y lanza sus brazos alrededor de su cuello. La pequeña cabra bala y frota su cabeza en el hombro de Jesús.

María regresa, ahora con un velo y lleva un ánfora en la mano. Ella toma a Jesús de la mano y juntos caminan con gracia alrededor de la pequeña casa, un cuadro bonito. María ajusta sus pasos a los del Niño y marchan y caminan a lo largo lado a lado, con los talones rosados moviéndose hacia arriba y hacia abajo en el camino de arena con la gracia típica de los pasos de los niños.

En la parte delantera de la casa, la visagra se rompe por una puerta rústica que María abre para salir al camino, una carretera mala, al final del pueblo, que lleva al campo hecho de arena y a otras pobres casas similares a la suya, y con escasos jardines.

No hay nadie alrededor. María mira hacia la ciudad, como si Ella estuviera esperando a alguien y luego dirige sus pasos hacia un pozo rodeado de algunas hierbas en el suelo y en el interior de un círculo de sombra proporcionada por los árboles de palma de unos diez metros más adelante.

Hay un hombre caminando por la carretera. En la distancia, no es muy alto, pero está bien constituido. A medida que se acerca, sus rasgos surgen y es José, sonriendo. Luce a la mitad de treinta años, con el pelo y la barba espesa y negra, su piel bronceada más bien, sus ojos oscuros, su honesta cara inspira confianza.

Cuando él ve a Jesús y María, acelera su paso. Él está llevando su sierra y el plano en el hombro izquierdo y otras herramientas de su oficio en la otra mano, tal vez regresando de una visita a domicilio. Su túnica de un obrero está entre avellanos y de color marrón oscuro y llega hasta las pantorrillas, tiene mangas cortas y atada a la cintura con un cinturón de cuero. Sus sandalias están atadas a los tobillos.

María sonríe y Jesús profiere un grito de alegría, extendiendo su mano libre. Cuando se encuentran, María lleva las herramientas de trabajo de José y José se inclina ofreciendo a Jesús una fruta. Luego, en cuclillas en el suelo, estira los brazos y Jesús deja a su Madre y obtiene mimos en los brazos de José, inclinando la cabecita en la cavidad del cuello de José. José lo besa y es besado por Él, una escena llena de gracia amorosa.

Entonces José se levanta y toma sus herramientas con la mano izquierda mientras con la derecha agarra a Jesús apretado fuerte a su pecho. Luego vuelve con Jesús a la casa, mientras que María va al pozo para llenar su ánfora.

Dentro de los terrenos de la casa, José pone al Niño en el suelo y lleva el telar de María a la casa. Luego ordeña la cabra y luego la toma a su pequeño armario en la casa mientras Jesús observa agudamente.

Está oscureciendo como la puesta de sol de color rojo se convierte en violeta en las arenas que parecen temblar por el calor, y en la pirámide haciendo que se vea más oscura.

José entra en la casa, en la habitación que es su taller, cocina y comedor, todo en uno. Hay un fuego encendido en la chimenea baja. Hay un banco de carpintero, una pequeña mesa, algunos taburetes y algunos estantes con dos lámparas y algunos utensilios de cocina en ellos. El telar de María se encuentra en la esquina. La casa, aunque pobre, está ordenada y muy limpia.

María vuelve con el ánfora y cierran la puerta en el rápido crecimiento de la oscuridad exterior. La habitación está iluminada por una lámpara que José ha encendido y se coloca en su banco, donde se encuentra trabajando en algunas tablillas mientras María prepara la cena. El fuego en la chimenea también ilumina la habitación. Jesús, con sus pequeñas manos colocadas sobre el banco y su cabecita levantada hacia arriba, está mirando profundamente a José en el trabajo.

Ellos vienen a la mesa y José les lleva un salmo en su dialecto de Nazaret, mientras María responde. Se sientan a la mesa con la lámpara sobre la mesa y Jesús en el regazo de María. María le da de beber la leche de cabra. Entonces Ella corta unas rodajas de pan de un pan marrón, los sumerge en la leche y se las ofrece a Jesús. José come una pequeña rebanada de queso y un montón de pan. María sienta a Jesús en un taburete cerca de ella y obtiene algunas verduras, que están cocidas, y cuando José lo ha ayudado a sí mismo, María también tiene algunas más, mientras Jesús mordisquea alegremente su manzana, sonriendo y mostrando sus pequeños dientes blancos.

Ellos terminan su cena con algunos comestibles duros y no hay vino. Es la cena de pobres.

Pero hay mucha paz en la habitación.

La Primera Lección de Jesús

Un pequeño niño de cinco años, totalmente rubio y hermoso con una simple túnica azul llegando hasta la mitad de sus pantorrillas bien torneadas, está jugando con un poco de tierra en el pequeño jardín de la cocina de su casa, Él hace montoncitos con la tierra y las plantas pequeñas ramas en la parte superior para hacer un bosque en miniatura. Entonces Él construye pequeños caminos con piedra y ahora le gustaría construir un pequeño lago a los pies de sus diminutas colinas. Así que Él toma la parte inferior de una olla vieja y la entierra hasta el borde, la llena de agua usando un lanzador que sumerge en un recipiente que contiene agua utilizada para lavar y para regar el pequeño jardín, mojando su vestido y sus mangas. Pero la olla también está agrietada y el lago se seca.

José viene a la puerta y se queda por algún tiempo en silencio mirando a Jesús trabajando y sonriendo.

Luego, para impedir que Jesús se moje más, él lo llama. Jesús se da vuelta sonriente y cuando ve a José, corre hacia él con sus bracitos extendidos.

Con el borde de la túnica de trabajo, José le seca sus pequeñas manos que están sucias y húmedas, y las besa. Y luego, los dos tienen una conversación en la que Jesús explica su juego, su trabajo y las dificultades que está teniendo; Él quería hacer un pequeño lago como el lago de Genesaret, el cual Él ha oído hablar, uno pequeño para su propio deleite. Este fue Tiberias, estaba Magdala, allá era Cafarnaum. Este fue el camino a Nazaret pasando por Caná. Quería lanzar algunos pequeños barcos en el lago; estas hojas son los barcos. Y Él quería ir a la otra orilla. Pero el agua se escapa...

José observa y toma un interés como si se tratara de un asunto muy serio. Luego se propone hacer un pequeño lago al día siguiente, no con una olla vieja agrietada, sino con un pequeño lavabo de madera, bien cubierto con brea y estuco, en la que Jesús lanzaría pequeños barcos de madera reales que él, José, le enseñará a hacer. Justo en ese momento, él le había traído algunas herramientas de trabajo pequeñas, adecuadas para él, así que podría aprender a usarlas sin ninguna fatiga.

"Así que voy a ser capaz de ayudarte! ' Jesús dice, sonriendo.

'Así que Tú me ayudas y te convertirás en un carpintero inteligente. ¡Ven a verlas!"

Entran en el taller de José y le muestra un pequeño martillo, una pequeña sierra, algunos muy pequeños cinceles y un plano adecuado para una muñeca, todo dispuesto en un pequeño banco de trabajo de un carpintero en ciernes, adecuado para el tamaño pequeño de Jesús.

'Mirá, viste, Tú debes poner esta pieza de madera así. A continuación, tomas la sierra de esa manera, y teniendo cuidado de no lastimarte los dedos, empiezas aserrando. Prueba... "

Y empieza la lección. Y Jesús, sonrojándose por el esfuerzo y presionando sus labios, aserrando la pieza de madera con cuidado y luego la aplana y aunque no está perfectamente recta, él piensa que está linda. José lo alaba y con paciencia y amor, le enseña cómo trabajar.

María, al regresar de un mandado, ve por la puerta y sonríe al entusiasmo con el que Jesús está trabajando con la madera y la forma en que amorosamente José le está enseñando.

Sintiendo su presencia, Jesús se vuelve y corre hacia Ella para mostrarle su el pequeño trozo de madera aún no terminado. María la admira, y luego se inclina y besa a Jesús. Ella pone en orden sus rizos, limpia el sudor de la cara caliente y escucha con atención amorosa a Jesús, que promete hacerle un pequeño taburete para que Ella esté más cómoda cuando trabaja. José, de pie cerca de la pequeña mesa con una mano descansando sobre su costado, mira y sonríe.

El Regreso a Nazaret

El decreto para la salida de Egipto, más de cuatro años desde que llegaron por primera vez, se dio a entender por el eterno Padre a Su Hijo en la presencia de su Madre. María lo ve reflejada en su santísima alma y también lo ve a Él presentado en obediencia al Padre. Pero ni la madre ni el Hijo, se lo dan a conocer a José, porque a pesar de que Jesús es verdadero Dios y su Madre altamente exaltada por encima de José, Dios pone un gran valor en el orden correcto de las cosas creadas y por lo tanto los arreglos para el viaje debe partir de José como cabeza de la Familia.

Esa misma noche, un ángel le habla a José en sueños, diciéndole que tome al Niño y a su Madre y vuelvan a la tierra de Israel, porque Herodes y aquellos en los que él había buscado la vida del niño, habían muerto.

Hay mucho dolor y mucha tristeza entre sus amigos y conocidos que suspiran, se quejan en voz alta y lloran a causa de la gran pérdida de su benefactora. La sagrada familia sale hacia Palestina en compañía de los ángeles como en su viaje de ida y donde quiera que pasen, dispersan gracias y bendiciones; las noticias de su paso una vez atrae multitudes de enfermos y afligidos quienes encuentran alivio en cuerpo y alma asi como muchos son curados, los demonios expulsados y almas iluminadas.

Ellos encuentran su hogar en Nazaret, después de haber sido dejado a cargo del primo de José, en buen estado.

María entra e inmediatamente se postra en adoración del Señor y en acción de gracias por haberlos llevado a la seguridad de la crueldad de Herodes, los preservó de los peligros de sus viajes largos y arduos y su destierro y después de haberlos regresado sanos y salvos a su hogar, en compañía de su Hijo, ahora crecido en años, en la gracia y la virtud.

Una vez más, ellos se establecen en su casa, ordenando sus vidas para que María continúe recibiendo instrucción de su Hijo y cuidar de Él y de su esposo, mientras que José trabaja para ganarse el sustento para Jesús y María como cabeza de la familia.

Poco después de su regreso a Nazaret, Jesús resuelve probar la fuerza del amor de María y de todas sus virtudes, con el fin de elevar el nivel de la santidad de María para ser sólo superada por la de Dios. De repente, sin previo aviso, se vuelve reservado, Él mismo se retira de su vista interior, suspende sus muestras de cariño para Ella, retirando también su compañía y, aunque sigue presente físicamente, Él sólo habla la palabra de vez en cuando con Ella y aún así, con gran Majestuosidad.

Este cambio inesperado es la forja en la cual es el oro más puro del amor de María por su Señor, una vez más purificado, según su corazón, como quien está afectado con una flecha, es arrancado por el dolor. Habiendo recibido ninguna explicación para este comportamiento, sorprendida y sin saber lo que podría ser la causa, María se refugia en su humildad, atribuyendo estas acciones a su ingratitud y otras deficiencias de su parte. Ella está llena de miedo no tanto a la privación de sus encantadoras gracias sino por no haber estado a la altura en su servicio y por lo tanto, le disgusta. Ella lleva a cabo actos heroicos de todas las virtudes, humillándose por debajo del polvo, adorando a su Hijo, dando gracias al Padre eterno por sus admirables obras y bendiciones, buscando conocer su voluntad para cumplirla en todas las cosas, que constantemente renueva sus actos de fe, esperanza y amor, perseverando en las oraciones llenas de lágrimas derramando su dolor ante el trono de Dios.

Sus amorosos suspiros y tierno afecto hieren su corazón, pero Él mantiene su reserva externa, evitándola cada vez que Ella lo busca para conversar con Él. Este impago sólo intensifica su pena y la lleva a buscarlo más y esto continúa durante treinta días, equivalentes a muchas edades en la estimación de Ella, que considera imposible vivir ni por un momento sin Su Amado, entonces la llama del amor en su corazón se despliega a un incendio intenso.

La Madre cariñosa con el tiempo se acerca y se arroja a los pies de su Hijo adorando y suplicando su perdón diciendo;

"Mi dulce amor y mi supremo Bien ..... Si no he sido estusiasta en el servicio a Ti, como me veo obligado a confesar, no castigues mi negligencia y perdóname. Pero déjame, mi Hijo y Señor, ver la alegría de tu rostro, que es mi salvación y la luz de mi vida. Aquí a Tus pies yo pongo mi pobreza, mezclándose con el polvo, y no me levantará de él hasta que pueda de nuevo mirarme en el espejo, que refleja mi alma. "

El corazón del Niño Jesús, después de los treinta días, ya no puede resistir la inmensa fuerza de su amor por su Madre más dulce porque Él también sufre una maravillosa violencia sosteniéndola distancia.

"Madre mía, levantáos" Jesús dice, simplemente, pero con sus palabras, María se eleva en éxtasis, su visión de la Divinidad está restaurada y Ella ve al Señor recibirla con el abrazo más dulce de bienvenida de un Padre y Esposo, sus lágrimas se convierten en alegría, su sufrimiento en deleite, su amargura en la dulzura más dulce.

María le enseña a Jesús, Judas y Santiago

Los sonidos de José trabajando en su taller de Nazaret derivan en medio del silencio de la sala comedor donde María está cosiendo unas tiras de lana que Ella misma ha tejido. Las tiras tienen alrededor de un metro y medio por tres metros de largo, de los que Ella planea hacer un manto para José.

Puntas erizadas de pequeñas margaritas azules violetas en flor se pueden ver a través de la puerta abierta que conduce a la huerta, anunciando el otoño, aunque las plantas en el jardín están todavía espesas y hermosas con follaje verde.

Las abejas de dos colmenas apoyadas contra una pared soleada están volando alrededor en el sol brillante, zumbando y danzando de la higuera de la viña y luego al granado cargado de frutos redondos, algunos de los cuales ya han reventado por su crecimiento excesivo, dejando al descubierto las cuerdas de rubíes jugosas alineados dentro de los ataúdes de color verde rojo divididos en secciones amarillas.

Jesús, con su cabecita rubia como un resplandor de luz, está jugando bajo los árboles con dos niños, sus primos Santiago y Judas, que tienen su misma edad. Tienen el pelo rizado, pero no son rubios.

Uno, por el contrario, tiene rizos muy oscuros que hacen que su carita redonda parezca más blanca, y dos hermosos y grandes, muy abiertos ojos azul violeta.

El otro es menos rizado y su pelo es de color marrón oscuro, sus ojos también son marrones y su tez oscura, con un tono rosado en las mejillas.

Los tres niños están jugando a las tiendas en perfecta armonía con los carritos en los que hay varios artículos: hojas, pequeñas piedras, virutas de madera, pequeños trozos de madera.

Jesús es el que compra las cosas para su mamá, a quien le lleva ahora una cosa y luego otra. María acepta todas las compras con una sonrisa.

Entonces el juego cambia. Santiago, uno de los dos primos propone: " Vamos a jugar en el éxodo de Egipto. Jesús será Moisés, yo seré Aarón, y tú ... María. '

'Pero yo soy un niño! ' Protesta Judas.

'No importa. Es exactamente lo mismo. Tú eres María, y podrás bailar delante del becerro de oro y el becerro de oro es la colmena por allí. '

'No voy a bailar. Yo soy un hombre y no quiero ser una mujer. Soy un fiel creyente y yo no voy a bailar ante un ídolo. '

Jesús les interrumpe: "No vamos a jugar esa parte. Vamos a jugar este otro: cuando Josué es elegido sucesor de Moisés. Así que no habrá pecado terrible de la idolatría y Judas estará encantado de ser un hombre y mi sucesor. ¿Estás feliz?

"Sí, lo estoy, Jesús. Pero entonces Tú tendrás que morir, porque Moisés muere después. Pero yo no quiero que mueras; siempre has sido tan afectuoso conmigo '.

'Todo el mundo muere... pero antes de morir bendeciré a Israel, y ya que vosotros sóis los únicos aquí, voy a bendecir a todo Israel en vosotros'.

Ellos están de acuerdo. Luego hay un argumento: si el pueblo de Israel, después de tanto viajar, todavía tenían los mismos carros que tenían cuando salieron de Egipto. Hay una diferencia de opinión.

Ellos van con María. 'Mamá, yo digo que los israelitas todavía tenían los carros. Santiago dice que no. Judas no lo sabe. ¿Quién tiene razón?. ¿Sabes? '

"Sí, mi hijo. Los pueblos nómadas todavía tenían sus carros. Ellos los reparaban cuando se detenían a descansar. Las personas más débiles viajaban en ellos y también los productos alimenticios y las muchas cosas que eran necesarias para tantas personas eran cargados en ellos. Con la excepción del Arco, que se realizó a mano, todo lo demás estaba en los carros'.

La pregunta está ahora respondida, los niños van a la parte inferior de la huerta y desde allí, cantan salmos, llegan a la casa con Jesús continuando los salmos de canto con sus voces plateadas suaves, seguido de Judas y Santiago sosteniendo un carrito elevado al rango del Tabernáculo.

Pero, ya que también tienen que hacer el papel de personas, además de Aarón y Josué, con sus cinturones han atado otros carros en miniatura a sus pies y por lo tanto se procede con mucha seriedad, como verdaderos actores.

Completan la longitud total de la pérgola y cuando pasan delante de la puerta de la habitación de María, Jesús dice: ' Mamá, graniza el Arco cuando pase.'

María se pone de pie sonriendo, y Ella se inclina ante su Hijo, que pasa, radiante bajo el sol brillante.

Entonces Jesús se encarama por la ladera de la montaña que forma el límite externo del jardín, está de pie en la cima de la pequeña gruta, y le habla a ... Israel, repitiendo las órdenes y las promesas de Dios. Entonces nombra líder a Josué, lo llama, y luego Judas a su vez sube por el acantilado. Jesús-Moisés anima y bendice a Judas, Josué... y luego le pide un ... pastilla (una gran hoja de parra), escribe el cántico y lo lee.

No está del todo completo, pero contiene una gran parte y Él parece estar leyéndolo desde la hoja. Entonces Él rechaza a Judas-Josué que le abraza llorando. Jesús-Moisés sube más arriba, a la derecha hasta el borde del acantilado y desde allí, bendice a todo Israel, y los dos postrados en el suelo. Luego se acuesta en el pasto corto, cierra los ojos y ... muere.

Cuando lo ve acostado todavía en el suelo, María, que ha estado observando desde la puerta sonriendo, grita: "Jesús, Jesús! ¡Levántate! No te acuestes de esa manera! ¡Tu mamá no quiere verte muerto!'.

Jesús se levanta sonriente, corre hacia Ella y la besa. Santiago y Judas también bajan y reciben caricias de María.

'¿Cómo puede Jesús recordar el cántico que es tan largo y difícil, y todas esas bendiciones? ", pregunta Santiago.

María sonríe y responde: " Su memoria es muy buena y le presta mucha atención cuando lo lee. '

-Yo también, en la escuela, presto atención. Pero luego me da sueño con todo el bullicio ... ¿nunca podré aprender entonces?'

'Vas a aprender, serás bueno'.

Hay un golpe en la puerta y José camina rápidamente a través de la huerta y la casa y la abre.

'La paz sea con vosotros, Alfeo y María, José recibe a su hermano y a su cuñada, que han dejado su carro rústico y burro de aspecto saludable que espera en la calle.

¡Y a Ti, y bendiciones!

"¿Habéis tenido un buen viaje?

-Muy bien. ¿Y los niños?'

"Ellos están en el jardín con María'.

Pero los niños han venido a saludar a su madre. Y lo hace María, que tiene a Jesús de la mano. Las dos cuñadas se besan.

'¿Han sido buenos? pregunta María de Alfeo.

"Muy buenos y muy queridos' responde María. ' ¿Todos los familiares están bien?'.

-Sí, todos lo están. Te envían sus saludos. Y ellos les han enviado muchos regalos de Caná, uvas, manzanas, queso, huevos, miel.....

Y.... ¿José? .... He encontrado justo lo que quería para Jesús. Está en el carro, en la canasta redonda', añade María de Alfeo, inclinándose sobre Jesús, que la mira con los ojos muy abiertos.

"..... ¿Sabes lo que tengo para Ti? ..... 'adivina', pregunta besando sus dos tiras de cielo azul.

Jesús piensa, pero no puede adivinar..... tal vez deliberadamente con el fin de darle a José el gozo de darle una sorpresa. José, de hecho, entra, llevando una gran cesta redonda, la pone en el suelo delante de Jesús y desata la cuerda que sujeta la tapa en su lugar y la levanta.... y una pequeña oveja blanca, un rebaño real de espuma, aparece, durmiendo en el heno limpio.

'¡Oh! 'exclama Jesús, sorprendido y feliz. Está a punto de precipitarse al animalito, pero luego se da la vuelta y corre hacia José, que aún se inclina sobre la canasta, lo besa y le da las gracias.

Los dos pequeños primos miran con admiración a la pequeña criatura, que ahora está despierta y levantando su cabecita sonrosada, balando, en busca de su madre. Lo sacan de la cesta y le ofrecen un puñado de trébol y le permiten recorrer, mirando a su alrededor con sus ojos suaves.

'¡Para Mi ! ¡Para mí! ¡Gracias padre! canta Jesús con alegría.

'¡Te gusta tanto! '

'¡Oh! ¡Muchísimo! 'Blanca, limpia .... un pequeño cordero .... Oh! ' Y Él lanza sus bracitos alrededor del cuello de la oveja, pone su cabeza rubia sobre su cabecita y se mantiene por lo tanto, feliz.

'He traído dos más, también para vosotros', dice Alfeo a sus hijos. "Pero ellos son oscuros. Vosotros no sóis tan ordenado como Jesús y sus ovejas estarían siempre sucias si fueran blancas. Ellas serán su rebaño; podrás mantenerlas juntas y lo que ya no va a perder el tiempo en las calles, vosotros dos pequeños granujas, lanzando piedras unos a otros».

Judas y Santiago ambos corren hacia el carro y ven a las otras dos ovejitas, que son más negras que blancas, mientras que Jesús lleva a su oveja al huerto, le da un poco de agua para beber y la pequeña mascota lo sigue como si lo hubiera conocido a Él de toda la vida. Jesús la llama y la nombra "Nieve" y la oveja bala feliz en respuesta.

Los invitados se sientan a la mesa y María les ofrece un poco de pan, unas aceitunas, un poco de queso y una jarra de líquido de un color muy pálido, que podría ser sidra o agua endulzada con miel.

Los adultos conversan mientras los tres niños juegan con sus mascotas que Jesús quiere que se reúnan para que Él puede darles agua y un nombre.

"La tuya, Judas, será llamada "Estrella", ya que tiene esa marca en su frente....... Y el nombre de la tuya será "Llama", ya que tiene los colores ardientes de ciertas brasas fulminantes.

"De acuerdo".

Los adultos están hablando y Alfeo dice "espero haber resuelto el asunto de las peleas de los chicos. Tuve la idea de su pedido, José. Me dije a mí mismo: "Mi hermano quiere una ovejita para Jesús para que Él pueda tener algo con que jugar y voy a traer dos más para los chicos traviesos para mantenerlos callados un poco y evitar discusiones continuas con otros padres sobre cabezas golpeadas y rodillas lastimadas.... con la escuela y con las ovejas, lo manejaré para mantenerlos callados". Pero este año, también, tendrán que enviar a Jesús a la escuela. Ha llegado el momento'.

"Nunca voy a enviar a Jesús a la escuela", dice Mary resueltamente. Es bastante raro oírla hablar así, y más aún, a oírla hablar delante de José.

'¿Por qué? El niño debe aprender a estar listo a tiempo para pasar su examen cuando sea mayor de edad... "

'El niño estará listo. Pero Él no va a ir a la escuela. Eso es definitivo'.

'Serás la única mujer en Israel haciendo eso'.

'Seré la única. Pero eso es lo que voy a hacer. ¿No es cierto José?

-Sí, eso es correcto. No hay necesidad de enviar a Jesús a la escuela. María se crió en el Templo y Ella conoce la ley, así como cualquier doctor. Ella va a ser su maestra. Eso es lo que yo quiero también'.

'Echarás a perder al niño".

'No se puede decir eso. Él es el mejor niño de Nazaret. ¿Alguna vez lo has oído llorar, o ser travieso, o desobediente o faltar el respeto? "

'No. Eso es verdad. Pero Él hará todo eso que si Tú continúas mimándolo.

'Tú no necesariamente estropeas a tus hijos sólo porque los mantienes en tu casa. Para mantenerlos en casa implica amarlos con buen sentido común y de todo corazón. Y así es como amamos a nuestro Jesús. Y ya que María es una mejor educación que un maestro, ella será la "Maestra" de Jesús.

"Y cuando Jesús sea un Hombre, Él será como una pequeña mujer tonta asustada incluso de las moscas".

"No lo será. María es una mujer fuerte y ella le dará una educación viril. Yo no soy un cobarde y yo le puedo dar ejemplos antropomorfos. Jesús es una criatura sin fallas físicas o morales. Él, por lo tanto, crecerá erguido y fuerte, tanto en cuerpo como en espíritu. Tú puedes estar seguro de eso, Alfeo.... Él no será una desgracia para la familia..... En cualquier caso, esto es lo que he decidido y eso es todo".

'Tal vez María lo ha decidido y tú... '

Y ¿si así fuera? ¿No es justo que dos personas que se aman, deban tener los mismos pensamientos y los mismos deseos, de modo que cada uno puede aceptar los deseos del otro, como si fueran los suyos propios? ... Si María deseara cosas tontas, yo le diría "No." Pero Ella está pidiendo algo que está lleno de sabiduría y estoy de acuerdo, y lo hago mío. Nos amamos, lo hacemos como lo hicimos el primer día, y vamos a seguir haciéndolo, siempre que vivamos. ¿Es eso cierto María?

-Sí, José. Y esperemos que nunca vaya a pasar, pero cuando uno debe morir sin el otro, todavía podemos seguir amándonos.

José le da a María una palmadita en la cabeza como si fuera una hija y ella lo mira con sus serenos ojos de amor.

"Tienes toda la razón', acuerda María de Alfeo. 'Me gustaría poder enseñar! Nuestros niños aprenden tanto el bien como el mal en la escuela. En casa, sólo aprenden lo que es bueno. Pero yo no sé si.... si María..."

'¿Qué es lo que quieres, mi cuñada? Habla libremente. Tú sabes que te amo y me siento feliz cuando puedo hacer algo que te guste".

-Estaba pensando.... Santiago y Judas son sólo un poco mayores que Jesús. Ellos ya van a la escuela.... por lo que ya han aprendido! .... Jesús en cambio, ya se sabe la ley tan bien.... me gustaría.... eh, quiero decir, ¿si te pido que los tomes también cuando Tú le enseñas a Jesús? Creo que ellos se comportarían mejor y tendrían una mejor educación. Después de todo, ellos son primos, y es justo que se amen unos a otros como hermanos. ¡Oh! Yo sería tan feliz! '

'Si José quiere, y tu marido está de acuerdo, estoy dispuesta. Es lo mismo hablar para uno que hablar para tres. Y es una alegría ir a través de toda la Biblia. "Que vengan".

Los tres niños, que habían llegado en silencio, están escuchando y esperando la decisión final.

'Ellos te llevarán a la desesperación, María', dice Alfeo.

'¡No! Ellos siempre son buenos conmigo. Seréis buenos si os enseño, ¿no?'

Los dos niños se acercan y de pie a cada lado de María, ponen sus brazos alrededor de sus hombros, inclinan sus pequeñas cabezas sobre sus hombros y la promesa de todo lo bueno en el mundo.

'Déjalos que lo intenten, Alfeo, y déjame intentarlo. Estoy segura de que no estarás satisfecho con el examen. Pueden venir todos los días desde el mediodía hasta la tardecita (18:00 de la tarde). Será suficiente, créeme. Yo sé cómo enseñarles sin cansarlos. Tú debes mantener tu atención y dejar que ellos se relajen al mismo tiempo. Debes entenderlos, amarlos y ser amado por ellos, si deseas obtener buenos resultados.... Y tú me amas, ¿no?'

Y María recibe dos grandes besos en respuesta.

"¿Ves?"

-Ya veo. Sólo puedo decir: "Gracias". ¿Y qué dirá Jesús cuando vea a su mamá ocupada con los demás? ¿Qué dices, Jesús? '

"Yo digo: "Felices son los que la escuchan y construyen su vivienda cerca suyo". En cuanto a la Sabiduría, bienaventurados los que son amigos de mi Madre, y estoy feliz de que los que me encanta son sus amigos".

'Pero, ¿quién pone tales palabras en boca del Niño? pregunta Alfeo, atónito.

'Nadie, hermano. Nadie en este mundo".

Y así María se convierte en la Maestro de Jesús, Judas y Santiago y los tres niños, primos, crecen para amarse unos a otros como hermanos, creciendo juntos", como tres brotes con el apoyo de una polea" ....., Jesús es su discípulo exactamente igual que lo son sus primos. Y a través de esta apariencia de una vida normal, el "sello" se mantiene en secreto de Dios en contra de las investigaciones del Maligno.

Preparativos para la mayoría de edad de Jesús

María se inclina sobre una vasija de barro, usando un palo para agitar sus contenidos que se llenan el aire fresco del jardín de la cocina con el vapor.

Ella lleva un pesado vestido de color marrón oscuro, muy oscuro, casi negro, y un delantal hecho de una pieza de tela en bruto para su protección.

Afuera, es la profundidad del invierno y con la excepción de los olivos, las plantas y los árboles están desnudos y de pie como esqueletos contra el cielo claro, en el hermoso sol que no puede contra el viento amargamente frío que sacude las ramas desnudas y las pequeñas ramas de color verde grisáceo de los olivos.

María saca el palo de la vasija, moja sus dedos con las gotas de color rojo rubí que gotea de el, comprueba el color contra el delantal y parece satisfecha.

Ella entra en la casa y vuelve con muchas bobinas sueltas largas de lana blanca como la nieve que Ella con atención y paciencia submerge en la vasija, una a la vez. Mientras Ella trabaja, María de Alfeo, viene del taller de José, entra y se saludan entre sí y charlan.

'¿Todo va bien?' pregunta a María de Alfeo.

"Así lo espero".

'Aquella gentil señora me aseguró que es exactamente el color, y eso es exactamente cómo lo hacen en Roma. Ella me lo dio sólo por Ti, por el trabajo de bordado que le hiciste a ella.... Me dijo que ni siquiera en Roma hay alguien que se pueda bordar tan bien. Tú te debes haber quedado ciega al hacerlo....'

"Fue una menudencia' dice María, sonriendo y sacudiendo la cabeza.

María de Alfeo mira los últimos rollos de lana antes de entregárselos a María. '¡Qué bien que los has hecho girar! Son tan delgadas y lisas que parecen pelo.... Tú haces todo tan bien. ¡Y eres tan rápida! .... ¿Serán estos últimos de un color más claro?

'Sí, lo son para la túnica. El manto es más oscuro'.

Ambas mujeres trabajan juntas en la vasija. Luego retiran las bobinas de un hermoso color púrpura, corren rápidamente para sumergirlas en agua fría con hielo en un pequeño recipiente dejándolas caer suavemente al agua burbujeante, enjuagando una y otra vez y luego colocando las tiras en los bastones fijados a las ramas de los árboles.

'Se secarán bien y rápidamente con este viento'. dice María de Alfeo.

'Vamos con José. Hay fuego allí. Debes estar congelada, dice María. "Fue muy amable de tu parte para ayudarme. Lo hice con gran rapidez y sin tener que trabajar tanto. Estoy muy agradecida contigo'.

'¡Oh María! ¿Qué no haría yo por ti? Estar cerca de ti es una gran alegría. Y entonces... todo este trabajo es para Jesús. Y él es querido tanto, ¡Tu Hijo! ... 'Voy a sentir que Él también es mi Hijo, si te ayudo con su fiesta cuando sea mayor de edad'.

Las dos mujeres entran en el taller que huele fuertemente a madera cepillada, un típico taller de Carpintero.

Jesús se ha convertido en un niño de doce años de edad, alto, fuerte, bien construido, delgado y guapo, que luce más grande de lo que es. Ya llega a los hombros de su Madre y ahora se parece más a un hermano menor de su Madre muy joven. Tiene el pelo rubio y rizado ahora más largo, que desciende por debajo de sus oídos y se parece a un pequeño casco de oro labrado totalmente en rizos brillantes, ya un poco más oscuros que cuando él era niño, con reflejos castaños en el mismo. Ya no son los rizos agraciados de su infancia y, sin embargo no el pelo largo y ondulado de su humanidad que llega hasta los hombros, terminando en un gran rizo suave pero ya se parece más a este último en su color y estilo.

Su cara redonda de color de rosa sigue siendo la cara de un niño, pero más grande en su juventud y luego, en su humanidad, se volverá más delgada y perderá su color rosado para convertirse en un delicado alabastro con un tono rosado amarillento.
Sus ojos, aún los de un niño, son naturalmente grandes y bien abiertos, con una chispa de alegría perdida en la seriedad de su mirada. Más tarde, ya no tan abiertos... Sus pestañas cubrirán la mitad de ellos para ocultar la maldad excesiva que ve en el mundo de Su Pura y Santa Alma. Sólo cuando Él esté obrando milagros estarán abiertos y luminosos, más brillante de lo que son ahora.... para echar fuera a los demonios, resucitar muertos, curar enfermedades y perdonar los pecados.

El brillo de la felicidad mezclada con seriedad también se perderá en la proximidad de la muerte, el pecado y el conocimiento humano de la inutilidad de su sacrificio a causa de la falta de voluntad y la aversión del hombre.... Sólo en raros momentos de alegría, cuando esté con los fieles creyentes, personas especialmente puras, en su mayoría niños, sus ojos santos, suaves y amables brillarán de nuevo de felicidad.

Ahora, Él está en casa con su Madre y José, sonriendo amorosamente, sus pequeños primos que lo admiran y su tía, María de Alfeo, que le acaricia.... Él está feliz.... Él necesita amor para ser feliz y en este momento, Él tiene amor.

Él está usando una hermosa túnica de lana liviana de color rojo rubí que cuelga hasta los tobillos para que sólo sus pies revestidos con sandalias se puedan ver. La túnica está suelta, perfectamente tejida en su delgadez compacta y tiene mangas largas y anchas. Los dobladillos en el cuello, los extremos de las mangas y la parte inferior que cuelga hasta el suelo tiene un hermoso bordado griego, en un tono más oscuro, tejido en el rubí de la prenda. Es el más hermoso y María de Alfeo admira la obra de María y la alaba.

Sus sandalias son nuevas y bien hechas, no son tan simples como las que llevaba cuando era niño.

'Aquí está tu hijo ", dice María, alzando la mano izquierda de Jesús con su mano derecha. Ella parece presentarlo y confirmando su paternidad a la vez. Jesús sonríe. 'Bendícelo, José", añade María, antes de partir hacia Jerusalén. No hubo bendición ritual para su primera etapa de vida, porque no era necesario que Él ir a la escuela. Pero ahora, Él va al Templo para ser proclamado mayor de edad, por favor bendícelo. Y bendíceme a mí con Él.

Tu bendición ..., María solloza suavemente ... lo fortalecerá y me dará la fuerza para desprenderme un poco más de Él..."

'Mary, Jesus will always be Yours. The formality will not affect our mutual relationship. Neither will I content with You for this Son, so dear to us. No one deserves, as You do, to guide Him in life, O my holy Spouse.'

'María, Jesús siempre será Tuyo. La formalidad no afectará nuestra relación mutua. Tampoco me contento contigo por este Hijo, tan querido para nosotros. 'Nadie merece, como tú, que lo guíes en la vida, oh mi santo esposo'.

Inclinándose, María toma y besa la mano de José, ¡el esposo cariñoso respetuoso de su consorte!

José recibe la señal de amor y respeto con dignidad, expone la palma de la mano que fue besada en su cabeza solemnemente diciendo: ' Sí, te bendigo, oh Bendita, y bendigo a Jesús contigo.... 'y él pone la palma de la otra mano en la cabeza de Jesús ... "Vengan a mí, mis únicas alegrías, mi honor y la esencia de mi vida", pronuncia José sobre las dos cabezas inclinadas, igualmente rubias e igualmente santas" ... Que el Señor os mire y os bendiga. Que Él tenga misericordia de vosotros y os de paz. ¡Que el Señor os de su bendición ... "y luego añade" ... Y ahora, vamos. La hora es favorable para el viaje".

María lleva una manta de color marrón oscuro y las pone sobre el cuerpo de su Hijo, tiernamente le acaricia mientras lo hace.

Cierran la puerta tras ellos y partieron hacia Jerusalén, con otros peregrinos que van en la misma dirección.

Fuera de la aldea, las mujeres separadas de los hombres, pero los niños son libres de ir a donde quieran. Jesús se queda con su Madre.

Los peregrinos pasan por el campo, hermoso en primavera, cantando salmos la mayor parte del tiempo. Los prados y los cultivos en los campos son frescos y las hojas de los árboles han comenzado a florecer. En los campos a lo largo del camino, los hombres cantan con ellos y las aves, también, cantan sus canciones de amor en las ramas de los árboles. Los arroyos claros reflejan, como espejos, las flores en sus bancos y los pequeños corderos saltan para permanecer cerca de sus madres. Hay paz y felicidad bajo el cielo más bello de Abril....

Jesus Examinado en el Templo por su mayoría de Edad

Es la fiesta de los Panes sin Levadura (Pascua) y tiene una duración de siete días. El primer y el último día de oración son los más importantes y por lo que los peregrinos permanecen en Jerusalén para la duración.

Hay Gente pululando dentro y fuera de las puertas del recinto del Templo, cruzando patios, pasillos, porches, desapareciendo en este o aquel edificio sobre las diversas plantas, en la mayor parte del Templo.

El grupo de la familia de Jesús va con salmos de canto en voz baja, los hombres delante y las mujeres detrás. Otros se han unido a ellos, tal vez de Nazaret o Jerusalén.

Las mujeres se detienen en el descanso inferior y los hombres siguen el punto desde donde se venera al Altísimo.

Entonces José parte del resto, y con su Hijo, se remonta a través de algunos metros y luego entra en una habitación que se parece a una sinagoga. Él le habla a un Levita, que desaparece detrás de una cortina despojado y regresa con algunos sacerdotes mayors, Doctores de la Ley, nombrado para examinar a los creyentes.

Jesús y José ambos reverencian profundamente a los diez médicos, que se sientan con dignidad en taburetes bajos de madera.

'Aquí', dice José, 'Este es mi Hijo. Tres meses y doce días, llegó a la edad que la ley prescribe para convertirse en mayor de edad. Y yo quiero que Él cumpla con las prescripciones de Israel.... Les pediría que tengan en cuenta que su constitución prueba que Él ya no está en su infancia o minoridad..... Y les pido que lo examinen amablemente y de manera justa, para juzgar que lo que aquí, Su padre, he dicho, es la verdad. Yo le he preparado para esta hora y por esta dignidad de Hijo de la Ley. Él conoce los preceptos, las tradiciones, las decisiones, las costumbres de los flecos * y las filacterias**, Él sabe cómo decir las oraciones y bendiciones diarias......

* Flecos anudados llevan en las esquinas del manto de oración para recordar a los Judíos de los mandamientos de Dios.

**Una caja de cuero pequeña que contiene los textos Judíos sobre vitela, usados por los hombres Judíos en la oración de la mañana como un recordatorio para mantener la ley.

.... por lo tanto, ya que Él conoce la ley en sí misma y en sus tres ramas de Halascia, Midrasc y Aggada, Él puede comportarse como un hombre. Entonces, deseo estar libre de las responsabilidades de sus acciones y de si. A partir de ahora, estará sujeto a los preceptos y Él debe pagar por sí mismo el castigo por sus fracasos hacia ellos. Examínenlo'.

"Lo haremos. Vamos hacia adelante, Niño. ¿Cuál es tu nombre? '

Jesús de José, de Nazaret".

'Un Nazareno.... ¿Puedes tú, por lo tanto leer? '

'Sí, rabino, puedo leer las palabras que están escritas y las que se interpretarán de las propias palabras. "

'¿Qué quieres decir? "

'Quiero decir que entiendo también el significado de la alegoría o del símbolo que se oculta bajo la apariencia, como una perla no aparece pero está dentro de una cáscara cerrada fea'.

'Una respuesta inteligente y muy sabia. Rara vez escuchamos esto de los labios de un adulto; en un niño y un nazareno, además... "

La atención de los diez se ha despertado y sus ojos no se pierden ni por un instante, al hermoso Niño rubio, que está mirándolos a ellos seguro de sí mismo, ni con la audacia ni miedo.

'Tú honras a tu amo, que, sin duda , fue leído profundamente'.

'La Sabiduría de Dios se reunieron en su justo corazón'.

¡Pero escucha eso! ¡Tú eres un hombre feliz, padre de un Hijo así! '

José, desde su lugar en el extremo de la habitación, sonríe y se inclina.

Ellos dan a Jesús tres rollos cada uno atado con una cinta de color diferente.

'Leer la cerró con la cinta de oro'.

Jesús abre el rollo y lo lee. Es el Decálogo, los Diez Mandamientos, pero después de unas pocas palabras, uno de los jueces tiene el rollo de Él diciendo: 'Ven con el corazón'.

Jesús continúa, tan seguro de sí mismo, como si estuviera leyendo y cada vez que se menciona el Señor, Él se inclina profundamente.

"¿Quién te enseñó eso? ¿Por qué haces eso? "

'Debido a que el Nombre es santo y debe ser pronunciado con un signo de respeto interno y externo. Los sujetos se inclinan ante su rey, que es rey solo por un corto tiempo y es polvo. Para el Rey de reyes, el Altísimo Señor de Israel, que está presente incluso si Él sólo es visible para el espíritu, ¿no se inclinará toda criatura ya que cada criatura depende de él con sujeción eterna?

¡Muy inteligente! Hombre: le aconsejamos que tenga a su Hijo educado ya sea por Hillel o Gamaliel. Él es un Nazareno ... pero Sus respuestas nos dan la esperanza de que Él se convertirá en un nuevo gran médico".

'Mi hijo es mayor de edad. Él decidirá de acuerdo con su propia voluntad. Si su decisión es honesta, no me opongo a ella'.

Escucha, Niño, Tú dijiste: "Acuérdate de santificar los días de fiesta no sólo para ti, sino también para su hijo, tu hija, tu siervo y tu sierva, ni siquiera para su caballo, se dice que no tienen que trabajar los Sábados..." Ahora dime: si una gallina pone un huevo en un sábado o un corderos de ovejas en un día de reposo, '¿será legal el uso del fruto de su vientre, o será considerado falta grave?'

"Sé que muchos rabinos; Shamai es el último de ellos y todavía está vivo, diría que un huevo puesto en Sábado está en contra del precepto. Pero creo que hay hay una diferencia entre el hombre y los animales o de quien cumple un acto natural como dar a luz.... Si yo obligara a un caballo a trabajar, yo soy responsable de su pecado, porque me obligo a trabajar con un látigo..... Pero si una gallina pone un huevo que ha madurado en su ovario o una oveja corderos de un pequeño en un día de reposo, porque es listo para nacer, no, tal hecho no es un pecado.... Tampoco es el huevo puesto o el cordero recién nacido en Sábado un pecado ante los ojos de Dios".

¿Pero por qué, si cada tipo de trabajo es un pecado en Sábado? "

-Porque para concebir y dar a luz corresponde a la voluntad del Creador, y cumple con las leyes que Él le dio a toda criatura.... Ahora, la gallina no hace más que obedecer la ley, según la cual, después de tantas horas de crecimiento, un huevo está completo y listo para ser puesto.... Y las ovejas también obedecen a las leyes establecidas por Aquel que creó todas las cosas, según el cual las leyes de dos veces al año, cuando la primavera está en los prados en flor y cuando el árboles en el bosque pierden sus hojas y los hombres se amortiguan a causa del intenso frío, las ovejas deben aparearse para que posteriormente puedan dar leche, carne y queso nutritivos, en las estaciones opuestas del año. Es decir, en los meses en que el trabajo duro para los cultivos es más duro o la desolación es más dolorosa debido a la congelación. Si, pues, una oveja, cuando su tiempo se ha acabado, da a luz a un pequeño cordero, ¡oh! Pequeño cordero también puede ser sagrado en el altar, porque es un fruto de la obediencia al Creador".

"Y yo no le gustaría estudiar más. Su sabiduría es mayor que la de muchas personas crecidas y es realmente sorprendente".

'No. Él dijo que Él es capaz de comprender también los símbolos. Vamos a escucharlo".

'En primer lugar, que diga un salmo, las bendiciones y las oraciones".

"También los preceptos".

'Sí, repita el Midrrasciot'.

Jesús repite una larga letanía de "No hagas esto.... ¡No hagas eso ... "sin ninguna duda.

"Eso es suficiente. Abre el rollo con la cinta verde'.

Jesús abre y está a punto de leer....

"Más adelante, si, más adelante'.

Jesús obedece.

"Eso es suficiente. Ahora lea y explique, si le parece que es un símbolo. "

'En la Santa Palabra, que rara vez se encuentra. Nosotros somos los que no podemos verlo ni aplicarlo. Leo: Cuarto Libro de los Reyes, capítulo veintidós, versículo diez: "Entonces Safán, el secretario, informó al rey diciendo: ' Hilcías, el sumo sacerdote, me ha dado un libro', el cual leyó en voz alta ante la presencia del rey, al escuchar el contenido de la ley de Dios, el rey rasgó sus vestidos, y dio el siguiente.... "

'Lee después todos los nombres. "

".... La siguiente orden: 'Ve a consultar a Jehová, en nombre de mí y el pueblo, en nombre de toda Judá, acerca del contenido de este libro que se ha encontrado. Grande en verdad debe ser la ira de Jehová ardiendo hacia fuera contra nosotros porque nuestros antepasados no obedecieron lo que dice este libro, mediante la práctica de todo lo que en él está escrito... "

"Eso es suficiente. Esto sucedió hace muchos siglos. ¿Qué símbolo encuentras en un evento de la historia antigua?

"Me parece que el tiempo no puede estar relacionado con lo que es eterno. Y Dios es eterno. Y nuestra alma es eterna. Y la relación entre Dios y el alma también es eterna. Por lo tanto, lo que dio lugar a un castigo entonces, es la misma cosa que da lugar a un castigo ahora, y los efectos de la falla son los mismos».

¿Eso es?

"Israel ya no está familiarizado con la Sabiduría que viene de Dios. Es a Él, y no a los pobres, que debemos aplicarla para la luz. Y no es posible tener luz si no hay justicia ni lealtad a Dios.... Es por los pecados de los hombres, y Dios, en su ira, los castiga.

'¿Ya no estamos familiarizados?'... Pero ¿qué dices Hijo? ¿Y los seiscientos trece preceptos?'

'Existen los preceptos, pero son meras palabras; las conocemos pero no las practicamos.... es por eso que no estamos familiarizados con ellos. Este es el símbolo: hombre común, en cada período de tiempo, debe consultar al Señor para conocer su voluntad y cumplirla para evitar llamar su ira en sí mismo".

'El Niño es perfecto. Ni siquiera la trampa de la pregunta difícil le ha molestado en su respuesta. Vamos a llevarlo a la verdadera sinagoga'.

Ellos van a una sala más espléndida y grande donde, lo primero que hacen, es cortar su pelo y José recoge sus rizos grandes.

Luego aprietan su túnica roja con una banda larga atada varias veces alrededor de la cintura y atan algunos pequeños flecos en la frente, el brazo y el manto, fijándolos con botones. Luego cantan salmos y José alaba al Señor con una larga oración, invocando todas las bendiciones de su Hijo.

La ceremonia termina, Jesús va con José a volver a reunirse con sus familiares varones, compran un cordero y lo ofrecen como una víctima sacrificada antes de volver a unirse a las mujeres.

María besa a Jesús como aquel a quien no ha visto desde hace muchos años. Ella lo mira, ahora más varonil en sus ropas y en el estilo de su cabello, y le da una palmadita...

Y luego salen a la calle.

Jesús se Pierde en Jerusalén

Después de la fiesta de siete días, la Sagrada Familia, junto con los demás peregrinos que habían venido de Nazaret, se reagrupan fuera de Jerusalén y para volver a Nazaret. Una vez más, como es costumbre, los hombres separados de las mujeres, dejando a los niños libres de ir con cualquiera de los padres. Jesús aprovecha la ocasión para sacarse a sus padres sin su conocimiento. José supone que el Niño está con su Madre, como es generalmente el caso, sin considerar ni por un momento que María podría ir sin Él, dada su gran amor por Él.

María, por su parte, tiene menos razones para suponer que Jesús esté con José, pero el Señor Mismo desvía sus pensamientos con reflexiones santas y divinas que su ausencia, en un principio, pasa desapercibida. Cuando finalmente, se da cuenta de la ausencia de su Hijo por su lado, supone entonces que Jesús se ha quedado con José para su consuelo.

Con esta garantía, María y José recorren durante todo un día y los peregrinos se disipan a medida que avanzan por caminos separados. Finalmente, José y María se encuentran en el lugar señalado en la primera noche después de salir de Jerusalén. Ha sido un largo día de recorrido, las camas están hechas para que los peregrinos descansrn. La comida está preparada y lista para ser entregada. Sólo entonces se dan cuenta de que Jesús no está con ninguno de los padres. Se quedan mudos de asombro y por bastante tiempo, ninguno de ellos puede hablar. Entonces María comienza a temblar, su cara se vuelve pálida, con los ojos bien abiertos, pero no hay una explosión de llanto y gritos. Gobernada por una profunda humildad, como ellos son, cada padre se siente abrumado con el auto-reproche de descuidado a Jesús, cada uno seculparse a sí mismos por su ausencia. Cuando se han recuperado algo de su asombro, en el más profundo dolor, se consultan entre sí sobre lo que se puede hacer.

'.... Mi corazón no puede descansar, si no regresamos a toda prisa a Jerusalén para encontrar a mi Hijo santísimo', dice María.

Comienzan su búsqueda con familiares y amigos, pero ninguno de ellos ha visto a Jesús desde la salida de Jerusalén y sus respuestas sólo aumentan la ansiedad de María y José. No se detienen a comer y, aunque es de noche, regresan a Jerusalén, parando las caravanas y peregrinos en el camino cuestionándolos. Es otro largo día de caminata de regreso a Jerusalén y luego la búsqueda febril de la ciudad comienza.

En lágrimas y gemidos, perseveran durante tres días, sin comer ni dormir, llenos de tristeza y ansiedad. Durante estos tres días, el Señor deja a María con sus recursos naturales y gracia, privándola de privilegios especiales, con la excepción de la compañía de los ángeles. Y sin embargo, incluso en tal profunda aflicción, María no pierde su paz, ni tiene un pensamiento de ira, ni se permite cualquier expresión impropia. Tampoco Ella fracasa en su reverencia y alabanza al Señor, ni cesa en sus oraciones y peticiones de la raza humana.

Por disposición de Dios, María no sabe dónde buscar por muchas horas. No tiene sentido para Ella buscar al Niño en el Templo donde si Él se había perdido en la ciudad y guiada al Templo, podría haber llorado por su madre y la atención de las personas o los sacerdotes quienes lo ayudarían a encontrar a su Madre con los avisos dejados en las puertas.

Aunque miles de ángeles de María son testigos de su dolor, no le dan ninguna pista para ayudar a encontrar al Niño. Habiendo convenido dividirse con el fin de cubrir más terreno, José y María buscan en las calles y callejones de Jerusalén, describiendo a las mujeres de Jerusalén como " hermoso", " rubios ", " fuerte ", pero hay muchos así, es demasiado pequeño para que cualquiera pueda decir con certeza que lo vieron aquí o allá.

Ella decide ir a Belén, con la esperanza de encontrarlo en la cueva de la Natividad, pero los ángeles la previenen diciéndole que Él no está tan lejos.

Ella no encuentra nada que indique que Herodes Arquelao, el hijo de Herodes el Grande, quien llegó al poder en 4AC, se ha llevado a Jesús preso y comienza a creer firmemente que Él está con Juan el Bautista.

Al tercer día, Ella decide ir a buscarlo donde Juan pero los ángeles le previenen diciéndole que su Hijo no está con Juan.

María puede decir de sus respuestas que los ángeles no saben dónde está su Hijo, pero entiendo que retienen la información de Ella por mandato del Señor. Ellos continúan su búsqueda en Jerusalén.

Una sola mujer, confirma que un niño ajustado a esa descripción llamó a su puerta el día antes pediendo limosna, ella le dio y fue tocada por la gracia y la belleza del niño diciendo;

"Cuando le di una limosna, me sentía superada por la compasión ver a un Niño tan amable en la pobreza y la necesidad".

Esta es la primera noticia que María recibe de su Amado en Jerusalén y le da su poco de consuelo. Ella sigue su búsqueda y se encuentra con otros que hablan de él de la misma manera y Ella sigue este sendero de la información, lo que la lleva al hospital de la ciudad, como Ella razona que Jesús se encontraría entre los afligidos. En el hospital, se entera de que un Niño sujeto a esa descripción visitó, dejó limosnas y consoló a muchos. Estos informes despiertan los más dulces sentimientos más entrañables en el corazón de María y Ella envía estos dulces sentimientos desde las profundidades de su corazón como mensajeros a su Hijo perdido.

Sólo entonces el pensamiento la golpea que si Él no está con los pobres, sin ninguna duda, Él estaría en el Templo, la casa de Dios y de la oración.

Los ángeles animan este pensamiento diciéndole que la hora de su consuelo está cercana y instándola a apresurarse al Templo. José, que ha sido asolado por el dolor de los últimos tres días también, apresurándose de esta y aquella manera y, a veces con María y otras veces por sí mismo, sin comer ni descansar, es ahora también ordenado por otro ángel acerca del Templo y se reune con María.

Estos tres días de angustia para María y José es el símbolo de los otros tres días de angustia en el futuro.

Al final de los tres días, María, exhausta, entra en el Templo, pasea por los patios y pasillos. Nada. Ella corre, pobre Madre, cuando oye la voz de un Niño e incluso los balidos de los corderos le dan la impresión de que oye el llanto del Niño y lo busca. Pero Jesús no está llorando. Él está enseñando.

Jesús discute con los Doctores en el Templo

Es el tercer día desde que Jesús volvió de nuevo a las puertas de la Ciudad después de haber aprendido la voluntad del Padre. Apresurándose a través de las calles, Él sabe, por Su previsión divina, el sufrimiento que esto causa y Él ofrece este sufrimiento al Padre en beneficio de las almas. Luego de los tres días, Él pide limosna y se las lleva a los pobres, consolando tanto los que le dan limosnas y los que las reciben. Él visita al hospital y cura a muchos en cuerpo y alma, iluminándolos y los lleva de vuelta al camino de la salvación. Es el tercer día para regresar al Templo para una lección predestinada por la Providencia.

Jesús, con una larga túnica de lino blanco que llega hasta los pies y cubierto con una pieza rectangular de color rojo pálido de tela, se está inclinando contra una pared baja en una carretera secundaria que sigue cuesta arriba y cuesta abajo desde donde Él está. La ruta está llena de piedras y hay una zanja en el medio de ella que debe volverse un arroyo cuando llueve. Por ahora, el camino está seco porque es un día precioso de primavera y Jesús sonríe ligeramente, pero bastante serio, mirando a su alrededor y hacia abajo sobre un grupo de casas en una formación irregular y algunas altas, otras bajas, y todas están dispersas en todas direcciones, como un puñado de piedras blancas lanzadas descuidadamente en el suelo oscuro, con plazas y calles como venas contra de toda blancura. Aquí y allá, las plantas sobresalen de las paredes, algunas en floración, otras ya cubiertos de hojas nuevas.

A su izquierda, está la enorme estructura del Templo situado en tres conjuntos de terrazas cubiertas de edificios, torres, patios y porches, en el centro del cual se encuentra el edificio más alto y más magnífico, con sus cúpulas redondas que brillan en el sol como si cubierta con cobre y oro. Todo el complejo está encerrado dentro de una muralla con almenas, como las de una fortaleza. Una torre, más alta que las demás, construida sobre un camino ascendente estrecho, tiene una vista clara del enorme edificio del Templo y tiene el aire de un centinela de mano dura.

Jesús se queda mirando la torre entonces Él se vuelve y se recuesta contra la pared baja como lo había hecho antes, y ahora ve una colina frente al edificio donde la calle termina en un arco, su base llena de casas dejan al resto de ella desnuda.

Más allá del arco, hay un camino pavimentado con piedras cuadradas, que están flojas y desiguales. Como Jesús, se ve su rostro que se vuelve más grave y con nubes de tristeza.

Hay grandes multitudes reunidas en los patios, alrededor de las fuentes, en los porches y los pabellones del complejo del Templo, Judíos hablando alto e intentando una serie de actividades.

Los Fariseos en vestidos de largo que fluyen, los sacerdotes en lino blanco atados a la cintura con cinturones preciosos y con placas preciosas en los pechos y en la frente, con otros puntos brillantes aquí y allá en sus variados ropajes. Y muchas otras, de la casta sacerdotal, pero en menos prendas decorativas, rodeados de discípulos más jóvenes. Estos son los doctores de la ley.

Los médicos están en grupos discutiendo teología. Uno de los grupos está dirigido por un médico llamado Gamaliel, que está apoyado por un anciano, casi ciego, llamado Hillel, que es tal vez un maestro o familiar de Gamaliel a juzgar por la respetuosa familiaridad con la que trata Gamaliel al viejo. El grupo de Gamaliel es más pequeño en número y menos conservador en sus puntos de vista en lugar de otro más numeroso grupo dirigido por un médico llamado Shamai, conocido por su intolerancia conservadora y resentida.

Rodeado de un grupo compacto de discípulos, Gamaliel está hablando del Mesías y fundando sus observaciones sobre la profecía de Daniel, dice que el Mesías ya debe haber nacido debido a las setenta semanas profetizadas desde el momento en que se emitió el decreto para la reconstrucción del templo, expirado hace unos diez años.

Pero Shamai discrepa sobre si fuera cierto que el Templo ha sido reconstruido, entonces también es cierto que Israel se ha convertido en más esclavizado y la paz, la cual Él quién los profetas lo llaman el "Príncipe de Paz" viene a traer, está bastante lejos de estar en el mundo, y en Jerusalén en particular. La Ciudad está, de hecho, oprimida por un enemigo tan audaz como para ejercer su dominio dentro de los muros del Templo que son ellos mismos dominados por la Torre Antonia, lleno de Legionarios Romanos que están dispuestos a cortar con sus espadas, cualquier alboroto que pueda romper la independencia del país.

Y además, el conflicto se prolonga sin fin, lleno de objeciones pedantes, con todos los médicos mostrando su aprendizaje, no tanto para vencer a sus oponentes, sino más bien para mostrarse a sí mismos para la admiración de los oyentes. Sus propósitos son bastante obvios.

Luego viene la clara voz de un chico del grupo compacto de creyentes:

"Del grupo de Gamaliel".

Hay un gran revuelo en el público y en el grupo de médicos buscan al interruptor. No hay necesidad de buscar, porque Él no se esconde, sino que hace su camino a través de la multitud, acercándose al grupo de los rabinos. Es Jesús, seguro de sí mismo y de corazón abierto con ojos brillantes de inteligencia.

¿Quién eres?' Le preguntan.

"Soy un hijo de Israel, que ha venido a cumplir lo que prescribe la ley'.

Su respuesta franca y audaz gana sonrisas de aprobación y favor y toman interés en el joven israelita.

'¿Cuál es tu nombre?'

'Jesús de Nazaret'.

La bondad se desvanece en el grupo de Shamai pero Gamaliel, más benigno, continúa su conversación con Hillel, sugiriendo que el anciano pregunte algo al chico.

'¿En qué basa su certeza?', pregunta Hillel.

'En la profecía, que no puede estar equivocada acerca de la hora y los signos que tuvieron lugar en el momento en que se hizo realidad ... " Jesús responde " ... Es verdad que César nos domina, pero el mundo y Palestina se encontraban en esa paz cuando las setenta semanas caducaron, que fue posible para César ordenar un censo en sus dominios. Si hubiera habido guerras en el imperio y disturbios en Palestina, no habría sido capaz de hacerlo....

...... Como ese tiempo fue concluído, por lo que el otro tiempo de sesenta y dos semanas más uno, a partir de la terminación del Templo también está siendo completado, por lo que el Mesías puede ser ungido y el resto de la profecía puede hacerse realidad para la gente que no lo quiere.....

..... ¿Puedes dudar de eso? ¿No recuerdas la estrella que fue vista por los Reyes Magos de Oriente y se detuvo sobre el cielo en Belén de Judá, y las profecías y visiones, desde Jacob en adelante, indican que el lugar como el destinado a ser el lugar de nacimiento del Mesías, el hijo del hijo del hijo de Jacob, por medio de David, era de Belén? ...

...... ¿No recuerdas a Balaam?.... "Una estrella nacerá de Jacob". Los Reyes Magos de Oriente, cuya pureza y Fe abrieron sus ojos y oídos, vieron la Estrella y entendieron su nombre: "El Mesías", y vinieron a adorar a la luz que había descendido en el mundo'.

"¿Quieres decir que el Mesías nació en Belén Efrata, en el momento de la Estrella? , pregunta Shamai mirando a Jesús.

'Sí'.

Entonces ya no está. ¿No sabes, hijo, que Herodes tenía todos los niños nacidos de mujeres de un día de vida hasta la edad de dos años, sacrificados en Belén y sus alrededores?.... Pregunta Shamai.

.... Tú, Quién eres tan sabio en las Escrituras, también debes saber lo siguiente: "Una voz fue oída en Ramá... es Raquel que llora a sus hijos". Los valles y las colinas de Belén, reunieron las lágrimas de la agonizante Raquel, se quedaron llenos de lágrimas y las madres han llorado otra vez a sus hijos sacrificados. Entre ellos, sin duda era la Madre del Mesías. "

"Te equivocas, viejo hombre.... " dice Jesús .... El llanto de Raquel se convirtió en hosannas porque allí, donde dio a luz al "Hijo de su dolor", la nueva Rachel ha dado al mundo al Benjamin del Padre Celestial, el Hijo de su mano derecha, Él, que está destinado a reunir al pueblo de Dios bajo su cetro y a liberarlos de la esclavitud más terrible'.

'¿Cómo puede ser eso si fue asesinado? ", cuenta Shamai.

"¿No han leído acerca de Elías?.. ' le pregunta a Jesús ' ... Él fue llevado por el carro de fuego. ¿Y no podría el Señor Dios haber salvado a su Emanuel, para que él sea el Mesías de su pueblo?.... Él, quién dividió el mar en frente de Moisés, para que Israel pudiera caminar sobre tierra seca hacia su tierra, ¿ no podía Él haber enviado a sus ángeles para salvar a Su Hijo, Su Cristo, de la ferocidad de los hombres? ....

.... En verdad os digo: .... "Y Jesús levanta y extiende su brazo derecho en un gesto de mando y promesa, su voz un sonido agudo que llena el aire, sus ojos más brillantes que nunca'.... El Cristo está vivo y se encuentra entre vosotros.... 'Y cuando llegue su hora, Él mostrará a sí mismo en su poder'. Y Jesús baja el brazo como alguien que ha hecho un juramento. Y su solemnidad, aunque Él es un muchacho, es la de un hombre.

"Hijo, ¿quién te enseñó estas palabras?, pregunta Hillel.

"El espíritu de Dios. No tengo ningún maestro humano. Esta es la palabra del Señor que habla a través de mis labios ".

'Ven cerca de nosotros, para que veas, niño, y mi esperanza pueda ser revivida por tu fe y mi alma iluminada por el brillo de la tuya".

Hacen que Jesús se siente en un taburete entre Gamaliel y Hillel y le dan algunos rollos para leer y explicar. Es un examen adecuado y la gente se agolpa y escucha.

Jesús lee con voz clara: "Seáis consolados, mi gente. Hablaos al corazón de Jerusalén y llamáos a voces que su tiempo de servicio ha terminado..... Una voz grita en el desierto: " Preparad el camino del Señor ... entonces se revelará la gloria del Señor ...".

Mira esto, Nazareno...', dice Shamai... 'Se refiere aquí a una esclavitud terminada, pero nunca antes hemos sido tan esclavos como lo somos ahora. Y ahí está la mención del precursor. ¿Dónde está él? Tú estás hablando tonterías.

"Te digo, que la advertencia del precursor debe ser dirigido a ti más que a nadie... ", responde Jesús ' ... Para ti y los que son como tú. De lo contrario, no verán la gloria del Señor, ni vas a entender la palabra de Dios, porque la maldad, el orgullo y la mentira te impiden ver y oír '.

"¿Cómo te atreves a hablar de un maestro así? dice Shamai indignado.

"Yo hablo así. Y así voy a hablar incluso de Mi muerte, porque por encima de mí, están los intereses del Señor y el amor por la Verdad, de la que soy el Hijo....

...... Y añado, rabino, que la esclavitud de la que habla el profeta y de la que estoy hablando, no es lo que tú piensas, ni es la lealtad de la que consideres....

.... Por el contrario, por los méritos del Mesías, *el hombre estará hará libre de la esclavitud del mal, que lo separa de Dios, y el signo de Cristo estará en los espíritus, liberado del yugo y hecho súbditos del reino eterno* ....

.... Todas las naciones inclinarán sus cabezas, o la casa de David, ante el Recién nacido de ti y el cual crecerá en un árbol que cubre el mundo entero y que se eleva hasta el cielo.... Y en el Cielo y en la tierra toda boca alabará Su Nombre y doblará su rodilla ante el Ungido de Dios, el Príncipe de la Paz, el Líder, ante Él, **Quién al entregarse** llenará de alegría y alimentará al descorazonado y hambrienta alma, ante el **Santo Quién establecerá una alianza entre el Cielo y la Tierra**..... No como el Pacto hecho con los ancianos de Israel cuando Dios los sacó de Egipto, tratándolos, todavía como sirvientes, *pero infundiendo una paternidad divina en las almas de los hombres con la Gracia inculcó una vez más por los méritos del Redentor*, por Quien todas las buenas personas conocerán al Señor y el Santuario de Dios ya no será demolido y destruido'.

'No blasfemes, Niño! .... 'grita Shamai' ... Recuerda a Daniel. Afirma que después de la muerte de Cristo, el Templo y la Ciudad será destruida por el pueblo y un líder que vendrá de lejos.... Y Tú sostienes que el santuario de Dios ya no será demolido! .... ¡Respeta a los Profetas!'.

'En verdad os digo que hay Alguien Quién está por encima de los profetas y vosotros no lo conocéis y no lo sabréis porque vosotros no queréis ..... Y yo os digo que lo que he dicho es verdad. *El verdadero Santuario, no estará sujeto a la muerte. Pero como su santificador se elevará a la vida eterna y en el fin del mundo vivirá en el Cielo.* '

"Escúchame, Niño...', dice Hillel ' ... Hageo dice: " ... el Esperado por las naciones vendrá ... entonces será la gloria de esta casa, y de este último más que de la anterior. "¿Tal vez él se refiere al Santuario del que tú hablas?

-Sí, maestro... ' responde Jesús ' ... Eso es lo que quiere decir. Su honestidad le lleva hacia la luz y os digo: 'Cuando se lleva a cabo el sacrificio de Cristo, tendrás paz porque tú eres un israelita sin maldad'

-Dime, Jesús ... " pregunta Gamaliel ' ... ¿Cómo puede la paz de la que los Profetas hablan sea la esperada, si la destrucción se va a venir a este pueblo por la guerra? 'Habla e iluminame también.'

'¿No te acuerdas, maestro, lo que aquellos dijeron que estaban presentes en la noche del nacimiento de Cristo? pregunta Jesús. *Que los ángeles cantaron: "Paz a los hombres de buena voluntad*', pero estas personas no son de buena voluntad y no tendrán paz. No van a reconocer a su Rey, el Hombre Justo, el Salvador, porque esperan que él sea un rey con poder humano, *mientras que es el Rey del espíritu*. Ellos no lo van a amar, porque no les va a gustar lo que predica Cristo. Cristo no derrotará a sus enemigos con sus carros y sus caballos. *Él en cambio, los derrotará con el alma, quienes se esfuerzan para encarcelar en el infierno, el corazón del hombre, creado por el Señor*.... Y esta no es la victoria que Israel está esperando de Él. Tu rey vendrá, Jerusalén, montado en un " burro " y un "potro", es decir, los habitantes justos de Israel y los Gentiles ...... Pero yo os digo que el potro le será más fiel a él, y lo seguirá precediendo al burro y crecerán en los caminos de la Verdad y la Vida. *Debido a su mala voluntad, Israel perderá su paz y sufrirá durante siglos y hará que su Rey sufra y lo hará el Rey de la tristeza de quién habla Isaías.*"

"Tus gustos de leche en la boca y blasfemia, al mismo tiempo, Nazareno ...' acusa Shamai' ... Dime: ¿dónde está el precursor? ¿Cuándo lo tenemos?

'Él está' responde Jesús. 'No Malaquías dice: He aquí que voy a enviar a Mi mensajero para preparar el camino delante de Mí, y el Señor que vosotros estáis buscando de repente entrará en Su Templo, y el ángel del Pacto Quien anheláis"....? *Por lo tanto, el Precursor precede inmediatamente a Cristo. Él ya lo es, como Cristo es. Si años deben transcurrir entre el que prepara los caminos del Señor y Cristo, todos los caminos se obstruirán y retorcerán de nuevo.* Dios conoce y organiza de antemano que el Precursor debe preceder al Maestro en solo una hora.... Cuando veáis a este Precursor, vosotros seráis capaz de decir: "La misión de Cristo está comenzando" y yo os digo: Cristo abrirá muchos ojos y muchos oídos cuando Él venga de esta manera. Pero Él no se abrirá a vosotros o las de personas como vosotros, porque lo váis a dar a la muerte, Aquél que os trae la vida..... Pero cuando el Redentor se sienta en su trono y en su altar, más arriba que este Templo... Más alto que el Tabernáculo encerrado en el Santo de los Santos..... más arriba de la Gloria con el apoyo de los Querubines, ... Maldiciones para los deicidas y la vida de la Gentiles fluirán de sus miles y miles de heridas, porque Él, el maestro, quién no sóis conscientes de ello, no es, repito, no es el rey de un reino humano, sino de un Reino Espiritual...... *y sus súbditos serán sólo aquellos que por su causa aprenderán a regenerar el espíritu y como Jonás, después de haber nacido, aprenderáis a nacer de nuevo, en otras costas: "las costas de Dios "*por medio de una regeneración espiritual que se llevará a cabo por medio de Cristo, ¿Quién va a dar a la humanidad la verdadera vida.

'Este Nazareno es Satanás! ' grita Shamai y sus seguidores.

'No. Este niño es un Profeta de Dios!', grita Hillel y sus seguidores.

'Quédate conmigo, Niño. Mi vejez transfundirá lo que sé en Tus conocimientos y Tú serás el Maestro del pueblo de Dios. '

'En verdad os digo que si hubiera muchos como tú, la salvación vendría a Israel. Pero Mi hora no ha llegado. *Voces desde el Cielo me hablan, y en soledad debo reunirme con ellas hasta que llegue mi hora.* Luego, con Mis labios y Mi sangre, hablaré a Jerusalén, y el destino de los Profetas apedreados y asesinados por ella, también será Mi destino......

...... Pero por encima de mi vida está el Señor Dios, a Quién me someto como siervo fiel, para hacer de Mí mismo un taburete para su Gloria.... esperando que Él haga del mundo un taburete en los pies de Cristo ..... *Espéradme en mi hora. Estas piedras oirán mi voz de nuevo y vibrarán al oír mi última palabra.....'*

Y entonces, María, que todavía está buscando los terrenos del Templo de Su Amado oye su voz, de repente, desde más allá de la barrera de un gran grupo de personas. Ella lo escucha decir ".... *Estas piedras oirán mi voz de nuevo y vibrarán al oír mi última palabra....* "Ella trata de hacer su camino a través de las multitudes ...... mientras tanto Jesús sigue hablando ....

' .... Bienaventurados los que en esa voz han escuchado a Dios y creyeron en Él a causa de ella. Para ellos, Cristo les dará ese reino que tu egoísmo imagina que es un ser humano mientras que es la celestial....'

Y Jesús se levanta en medio de los doctores llenos de asombro y con los brazos extendidos y el rostro levantados al Cielo, ardiendo con fervor espiritual, continúa...

" .... y por eso digo: "*Aquí está tu siervo Señor, que ha venido a hacer tu voluntad. Deja ser consumada, porque estoy ansioso por cumplirla*".

Después de mucho esfuerzo, María logra hacer su camino a través de las grandes multitudes. Y ahi está su Hijo, de pie, con los brazos extendidos en el medio de los doctores de la ley. La Virgen prudente que Ella siempre lo es, esta vez, su ansiedad es como un huracán que supera incluso su prudencia y Ella corre a su hijo, lo abraza, lo levanta del taburete y lo pone en el suelo.

'¡Oh! ¿Por qué nos has hecho esto a nosotros! 'Ella exclama "Durante tres días hemos estado buscándote. Tu mamá está muriendo de dolor. Tu padre se ha agotado por la fatiga. ¿Por qué Jesús? '

Pero usted no pregunta "por qué" de Aquel que sabe. "¿Por qué?" Él se comporta de una manera determinada. Porque los que tienen una vocación dejar todo y seguir la voz de Dios. Jesús es la Sabiduría y Él sabe el cumplimiento de la misión a la cual está llamado, poniendo los intereses del Padre Divino por encima de los de su padre terrenal y de su Madre.

Y Jesús le dice a María entonces, terminando su enseñanza de los doctores con una lección a la Reina de los médicos.

María toma la lección y lo mantiene en su corazón. Sus palabras profundamente arraigadas en su mente.

Y el sol comienza a brillar en su corazón de nuevo ahora que Ella tiene a su Jesús, humilde y obediente, a su lado. Habrá mucho sol y muchas nubes, grandes alegrías y muchas lágrimas que alternando en su corazón durante los próximos veinte y ún años. Pero nunca más, Ella se preguntará "por qué".

www.ingramcontent.com/pod-product-compliance
Lightning Source LLC
Chambersburg PA
CBHW061333040426
42444CB00011B/2900